GEERT HOSTE
KROKET

12,50

voor Wiel

GEERT HOSTE
KROKET

thb

Het spreekt voor zich dat alle namen van personen en instellingen of plaatsen in dit boek uit mijn verbeelding komen. Elke mogelijke gelijkenis met bestaande personen, instellingen of plaatsen is dus puur toeval.

Omslag: Veronique Puts/Vorm & Inhoud
Binnenwerk: Dominic Van Heupen/Aksent
© foto auteur: Evert Thiry

©2005 by The House of Books, Antwerpen/Vianen

ISBN 90 443 1235 9
NUR 372
D/2005/8899/8

INHOUD

PATAT-RAP

De ribben van Verhofstadt, het hoofddoekjesdebat
Geen alcoholreclame want de jeugd is al strontzat.
In de buurt van Ath was er een gasbuis met een gat
In Ghislenghien gaf dat een serieuze patat.

Ben je mager als een lat, heb je een dik gat?
Wil je grote borsten, of heb je 't liever plat?
Die rimpels en dat wrat strijken we wel glad
In de Wellness-kliniek, een serieuze patat.

Antwerpen, 't Stad, het OCMW zit met een gat.
Het verkeer op Leien en de Singel ligt plat.
De hele zomer regen, de kust kletsnat.
Wat rijmt op Arafat? Een serieuze patat.

Koning Albert zat, in z'n tropisch zwembad
De peter van Louise stuurde zijn kat
Prinses Claire die een cowboyhoed op had
Prins Filip in China, een serieuze patat.

Eva Pauwels bloot in een mannenblad
We betalen ons blauw aan een olievat
Verhofstadt had DHL fout ingeschat
Clijsters en Hewitt, een serieuze patat...

Het begin heeft U gehad en ik heb nog meer van dat,
Als mimespeler begonnen op een omgekeerde krat
En vanavond voor U het jaar samengevat,
Mijn naam is Geert Hoste, het programma: Patat.

DE RIBBEN VAN VERHOFSTADT

Guy Verhofstadt raakt de voeling met zijn burgers een beetje kwijt. Terwijl in de kranten staat dat het aantal verkeersongevallen in België sterk terugloopt, komt hij in het nieuws met een auto-ongeval. Hij is uit de bocht gevlogen op een recht stuk weg.

Het is zelfs al niet meer veilig als hij *niet* aan het stuur zit! Bij Guy kan je niet zeggen: ga met de fiets, want dan valt hij ook om. Die jongen maakt zo vaak tuimelpertes dat ik begin te vermoeden waardoor zijn gebit is ontstaan.
In het Frans spreken ze van 'actie-dents'.

Als in de rest van de wereld een premier om niet gekende redenen met zijn auto ergens op vlamt, zegt men onmiddellijk: het is een aanslag! Bij ons komt die gedachte niet eens op.

Alles is mogelijk, behalve een aanslag op de premier. Wat er dan wel precies is gebeurd zal echter voor altijd een mysterie blijven. Na het ongeval zei de commissaris van Gent: 'We zullen het waarschijnlijk nooit weten.' Zo'n opmerking stemt je toch moedeloos. Als ze het zelfs in Gent al opgeven! Zitten daar niet de onvervalste Eén-'Flikken' die alle problemen aankunnen?

En dan nog een commissaris, niet een of andere hulpagent. Bovendien is de commissaris van Gent ook iemand anders dan de commissaris van Leuven, want 's nachts durft die al eens zelf alcohol testen in plaats van een alcoholtest afnemen.

De Gentse commissaris zei een uurtje na het ongeval rechtstreeks in het laatavondjournaal: 'Er waren geen getuigen én

ze hebben niets gezien!' Hij keek erbij met een blik van: 'Je hebt mij dit niet horen zeggen.'

's Anderendaags bleek dat verhaal niet echt te kloppen. Een VRT-journaliste had immers – zo vertelde ze zelf – de scoop van haar leven gemist. Ze was de premier achterna gereden na de turbulente persconferentie over DHL en had een auto in de berm zien liggen. Ze had zelf nog de hulpdiensten gebeld en was doorgereden naar huis. Eenmaal thuisgekomen werd de journaliste door haar redactie opgebeld of ze niet even ter plaatse een kijkje kon gaan nemen, want de premier was betrokken geraakt bij een ongeval. Ze trok andere kleren aan en ging op haar onderwerp af.

Het deed mij denken aan het ongeval van prinses Diana in Parijs. Journalisten in de buurt van een ongeval, maar ze rijden door. Engeland heeft Lady Di, België zit met Mister Guy!

Misschien was ook hier wel een heimelijke liefde in 't spel! Ik weet dat mijn gedachtegang niet evident is en met vrije associatie kom je er niet uit. Sommige zaken passen gewoonweg niet bij elkaar: de woestijn en wateroverlast, prins Filip en een universiteit, Verhofstadt en romantiek.

Toch zou het niet de eerste keer zijn dat een blonde VRT-journaliste een toppoliticus verleidt! Tien jaar geleden riep Johan Van Hecke het van de daken: 'Hiep, hiep hoera, ik heb een lief in Bujumbura.' Misschien was er nu iets als 'Handjes draaien, koekenbakken vlaaien, wie zat er op de achterbank te...'

In slaap gevallen van DHL

De – min of meer officiële – oorzaak van het ongeval van Guy Verhofstadt was zijn chauffeur die in slaap was gesukkeld. Vreemd. Want de premier, noch de chauffeur hebben dit bevestigd. De chauffeur werd ondanks deze zware fout, niet ontslagen.

Wat moet ik me voorstellen bij dat in slaap vallen? Was Guy, na de persconferentie over DHL in zijn dienstwagen gedoken en beginnen vertellen over de nachtvluchten, waardoor zijn chauffeur een uiltje begon te knappen? Mij maak je niet gek. Het zou de eerste mens zijn die in slaap valt van de nacht-vluchten van DHL!

Misschien zit daar de oplossing van het DHL-verhaal: dat de mensen in plaats van schaapjes nachtvluchten tellen?

Ik heb het gevraagd aan een beroepschauffeur en die was formeel: 'Beroepschauffeurs vallen niet in slaap tijdens het werk!' Ja, het gebeurt wel eens dat een trucker na 36 uur ver-suft op de staart van een file inrijdt, terwijl hij met de zon in het vizier een nieuwe schijf in de tachograaf steekt. Maar dat zijn nooit Belgische chauffeurs!

Wat zou er dan wel gebeurd zijn in de auto van de premier? Misschien was Guy opgedraaid van woede op de achterbank neergeploft: 'Wat een enerverende dag. DHL!' En dan tegen zijn chauffeur: 'Mag ik U ne keer kittelen?' Of 'Mag ik eens uw hersens schudden?' Na het ongeval bleek zijn chauffeur immers een hersenschudding te hebben!

Guy had geen hersenschudding... zijn hersenen lagen nog in de bureaulade in Brussel.

Verhofstadt had twee gebroken ribben. Dat was toch de diagnose de dag na het ongeval. Na een week bleek opeens dat de man vier gebroken ribben had. Het aantal steeg sneller dan de olieprijs.

Als het zo bleef doorgaan, zou hij na een paar maanden ribbekens à volonté hebben! Van twee ribben naar vier ribben in een week tijd: het zal de premier ook wel duidelijk geworden zijn waarom die kosten in de ziekenzorg zo rap uit de hand lopen.

Toch is zoiets vreemd. De premier verlaat het ziekenhuis en wel twintig dokters hebben hem gecontroleerd en binnenstebuiten gekeerd. Diagnose: twee gebroken ribben. Een paar dagen later, nadat Guy rustig thuis heeft kunnen herstellen, heeft hij vier gebroken ribben. Zou zijn echtgenote ook dezelfde romantische conclusies trekken over die VRT-journaliste?

Vooraf opgenomen

Er zijn nog een paar verdachte zaken verbonden aan dat hele ongeval van Verhofstadt. Neem nu de bekendmaking. Ik zat thuis te kijken naar 'De slimste mens ter wereld'. Op televisie. Tijdens dat programma verscheen onderaan in beeld een tekstband dat er in het late avondjournaal meer nieuws zou zijn over het ongeval van premier Verhofstadt. Uit zeer welingelichte bron weet ik dat 'De slimste mens' veertien dagen vooraf wordt opgenomen.

We zetten de feiten even op een rij. Die chauffeur had niet gedronken, reed niet te snel. De toestand van het wegennet was normaal, er waren geen waarschuwingen van 'Bruggen en Wegen'. Geen gele driehoekjes, rode bollekes of groene vierkantjes. Geen wintertype D2. Er was geen ander voertuig bij het ongeval betrokken en de baan liep zo goed als rechtdoor. De chauffeur kende het traject blindelings. Hij kon het zelfs dromen. Hij had best mogen slapen.

Als je het mij vraagt, is de hele bedoening in kaart gezet. Ik schrijf 'bedoening', want dit was geen ongeval. Die auto, zo zag ik, stond op een sleepwagen en had hoogstens een deuk, maar de voorruit zat er zelfs nog in. Als je je wagen op een zaterdagmiddag op een parking van de Carrefour achterlaat, ziet hij gehavender uit.

De premier zelf had geen schrammetje, geen bebloede lip, geen blauwe plek. Als liberalen ergens gevoelig voor moeten zijn...

De premier ging 's anderendaags meteen aan de slag, want de regering was in crisis naar aanleiding van het nachtvluchtendossier. Maar de beelden van die eerste crisisvergadering waren samen te vatten onder de noemer 'dolle pret'. Minis-

ter Didier Reynders kwam fluitend buiten, Laurette Onkelinx met een blos op haar wangen. De enige die er niet goed uitzag was Johan Vande Lanotte. Maar dat is aangeboren.

Na het ongeval hebben we nooit meer van DHL gehoord. Had het land maandenlang gediscussieerd over jobs of nachtrust, dan was één stunt met de auto van Verhofstadt genoeg om de paarse vrede terug te brengen. Die Noël Slangen is zijn gewicht in goud waard. Chapeau. Zeker omdat het ongeval weer niet de schuld van Guy is! Altijd als-ie een ongeval heeft, schuift hij het snel af op een ander. 'Mijn chauffeur is in slaap gevallen.' De vorige keer had die mevrouw hem niet zien komen aanfietsen.

Dat is typisch voor politici: als er iets mis gaat, zijn het altijd de anderen die het gedaan hebben. Ze zullen door zich op de borst een mea culpa te kloppen geen ribben breken.

SMS AAN GUY VERHOFSTADT

Guy, Belgen zijn grote zeur-
pieten, zo blijkt uit overbo-
dig en achterlijk onderzoek.
Nutteloos wetenschappelijk
werk! Wat heb je daar nu
aan, zeg? Daar moeten ze nu
niet mee afkomen. Stom, vind
je ook niet? En het regent
nog ook.
Geert.

Ok   Back

Het geheim van Jean-Luc Dehaene

In tegenstelling tot Verhofstadt brak Dehaene nooit wat. Je kon hem zelfs op een stier zetten en hij viel er niet af. Die stier ging eerder stuk. Jean-Luc was nooit ziek en hoefde zeker nooit naar het hospitaal. Tussen ons: gelukkig voor het verplegend personeel. Jean-Luc is altijd in topvorm. Zijn geheim recept? Bier drinken en voetbal kijken. Net zoals André Hazes. Daarbovenop nog zijn Celie: 'Want zij gelooft in mij!'

Voor Jean-Luc geen 'bloed, zweet en tranen', maar bier, club en Celie! Verhofstadt moet olijfolie eten en fietsen om gezond te blijven. Voor Guy is het veeleer 'bloed, zweet en... trainen'.

We hebben Jean-Luc nog nooit langs de kant van de weg zien bloeden of op een partijcongres zien huilen. Over dat zweten moet ik toch iets zeggen. Nooit vergeet ik hoe hij in een feesttent zong op de muziek van YMCA. Luidkeels stond hij 'CD&V' te brullen. Het was me niet duidelijk of het kwam van de gêne of de inspanning, maar zijn oranje hemdje was nat van het zweet op de schouders. De schouders, niet de oksels, die waren droog! Nog nooit had ik iemand zien zweten op zijn schouders!

Ik wist niet dat het fysiek mogelijk was. Misschien zweet je op je schouders als je te veel deodorant onder je oksels doet? Het vocht moet immers èrgens naartoe.

Jean-Luc zag eruit als een vat dat te lang in de zon had gestaan. Sinds hij bij Interbrew werkt, is hij helemaal Kriek! Er stond meer schuim op de Dehaene dan op de aandelen van Inbev.

Toch kwam Dehaene uit de verkiezingen als populairste politicus. Hij bewijst met zijn successen dat je helemaal niet mooi of goed gekleed moet zijn. Of afgelikt, geborsteld en gestre-

ken. Ik vermoed dat Dehaene zoveel stemmen kreeg omdat we jaren gebombardeerd zijn met de open debatcultuur. Alsof er iemand geïnteresseerd is in wat de regering doet! De kiezers verlangen na al die tijd weer naar: 'Geen commentaar.' Met beide voeten op de grond. Of er in zelfs! In zijn hof tussen de tomaten en de patatten. Niks geen studieweken in Toscane onder de olijfbomen. Te voet naar Koningslo en af en toe een uitstap naar Verbrande Brug!

Maar hoe Dehaene en Verhofstadt uiterlijk ook van elkaar verschillen, hun loopbaan lijkt nogal identiek. Eerst zetten ze zich in voor het land en worden dan herverkozen. Bij hun tweede ambtstermijn raken ze het beu en willen ze naar 'Europa'. Dat mislukt en dan loopt het in het honderd. Verhofstadt wilde, net zoals Dehaene het eerder had geprobeerd, ook voorzitter worden van de Europese Commissie. In diezelfde periode werd onderhandeld over de nieuwe Europese grondwet. Ik wil nog even schetsen wat het standpunt van België was: 'We nemen God op in de Europese grondwet als Verhofstadt voorzitter wordt.' Over het resultaat kunnen we kort zijn: Verhofstadt is geen voorzitter geworden, dus God staat niet in de grondwet.

Tony Blair moest niets van Verhofstadt hebben. Hij zei: 'Ge moogt Verhofstadt houden!' Nu zitten we er inderdaad mee... Merci Tony. Maar wie laatst lacht, best lacht: wij hebben Europa nu met Louis Michel opgezadeld. Zij mogen hem nu eten geven!

KROKETJES 1

Meer en meer mensen lopen rond met **een tattoo** of een piercing, of willen naar de plastische chirurg. De mensen zijn niet alleen ontevreden over elkaar, ze zijn ook ontevreden met zichzelf.

Deze week belde ik naar de oogarts voor een afspraak. Zijn secretaresse vroeg me of het lukte om langs te komen op 14 februari.
'Neen, mevrouw dat is op **VALENTIJN**. Dan ga ik naar de hartspecialist.'

Elio Di Rupo heeft een **taalbad** gevolgd.
Hij spreekt nu vloeibaar Nederlands.

Hoe noem je **EEN SLIMME WAAL**? Intellectuaal.

Het Witte Kinderbos, dat is die berm tussen Brussel, het Zoniënwoud en Antwerpen, het **Zwarte** Woud.

Paus Johannes Paulus II heeft zich verontschuldigd voor de inval van **Constantinopel in 1204**. Dat is 800 jaar geleden! Hoe oud was die man eigenlijk? Zou hij er bij geweest zijn?

Mijn favoriete sport op de Olympische Spelen: de 50 meter liggend. Het bestaat echt en het is een discipline in het **SCHIETEN**. Ik denk dat vooral de laatste meters lastig zijn.

Meer dan de helft van de Belgen is te dik.
Niet te verwarren met: 'Meer dan de helft van de Belgen is dik tevreden.'

Poetsende vrouwen hebben een sterkere seksdrang. Het geheim dat je deelt met Sandeman? Het geheim dat je deelt met Mister Proper!

De paus wil **geen sport** meer op zondag. En dat voor iemand die zelf niet stil kan zitten.

'Banken beleggen in **OMSTREDEN** wapens', lees ik in de krant.
Zijn er ook niet-omstreden wapens?

De Mona Lisa trekt *krom*.
Ze lacht dus helemaal niet, ze heeft gewoon pijn in haar rug.

Na het proces van de eeuw is het nu de beurt aan de werf en de files van de eeuw. Zouden we niet nog wat overlaten voor het einde van deze eeuw?

Wapenspreuk voor West-Vlaming Yves Leterme :
Eén geit maakt macht.

DE EEDAFLEGGING

Omdat er steeds meer regeringen en parlementen bijkomen, neemt de eedaflegging van ministers en parlementsleden steeds meer tijd in beslag. En omdat politici nogal druk van plaats wisselen, houdt diegene die de eed moet afnemen er bijna een voltijdse baan op na. Bij de vorige verkiezingen moest onze koning zelfs zijn vakantie uitstellen, omdat er maar geen einde kwam aan de niet aflatende stroom trouw-zweerders.

Het zou voor onze vorst veel gemakkelijker zijn, als de ministers gewoon hun eed zouden kunnen afleggen via de telefoon. Dan krijgen ze van de formateur het inbel-nummer en van daar helpt een menu verder met de keuzemogelijkheden. 'Voor een eedaflegging, druk op twee en sluit af met een kroontje'.

Tegen zo'n 1,27 euro per minuut zou het niet alleen een belangrijke nieuwe bron van inkomsten kunnen betekenen, de politici zouden ook wel twee keer nadenken voor ze de eed afleggen. Want nu vertrekken ze meestal onvoorbereid en als het dan hun beurt is, staan ze met een mond vol tanden of moeten ze van een lullig strookje papier de tekst aflezen. Dan krijg je van die gênante beelden van ministers die niet verder komen dan 'Ik zweer trouw...' of in het Frans 'Je jure mari-age...'. Aan wie of wat? Vraag het ze niet. Val ze er niet mee lastig. Als ik maar minister ben.

Zolang de telefonische eed niet toegestaan is, stel ik voor dat de formulering van de eed gewoonweg ingekort wordt tot het woordje 'ikke'. Dat is ruim voldoende en het dekt de lading. Zelfs prins Filip zal dan zijn eed vlekkeloos kunnen afleggen als hij zijn vader ooit opvolgt. Misschien moet de staatssecre-taris van Administratieve Vereenvoudiging hier maar eens

werk van maken. Ik heb zelfs al een naam: het decreet Van Ikkeborne.

Het valt mij ook op dat er geen duidelijke houding is om de eed af te leggen. Bij het leger of de scouts wordt uren gedrild om goed te kunnen salueren. Nu zie je bij de eedaflegging politici met twee vingers in de lucht of met drie of vier of vijf... Wat een warboel. We moeten daarvoor dringend een nieuwe choreografie bedenken. Het zou heel dom zijn om te wachten tot het Vlaams Belang het voor het zeggen heeft. Filip Dewinter wil al langer een in onbruik geraakte uniforme beweging uit de vorige eeuw herintroduceren.

Ach, zeg nu zelf, zo'n eedaflegging heeft geen zin. 'Ik zweer trouw...' wat wil het zeggen als een politicus dat fluistert? Politici die beloven zich ergens aan te houden... In ons land zijn zelfs voetballers trouwer aan hun club dan politici. Bij de verkiezingen van een paar jaar geleden waren ze ontrouw aan hun eigen partij, nu vlogen de politici van de ene regering naar de andere. Een portefeuille die ze een half jaar eerder tot een goed einde beloofden te brengen, wilden ze al snel weer kwijt. Er is intensiever met 'jobkes en postjes' geschoven en gewisseld, dan op een speelplaats met knikkers en houwtouwen.

De groepsfoto van de ministers na de eedaflegging op de trappen van het paleis was na vijf minuten alweer verouderd. Volgende keer laten ze beter gewoon een video meelopen, dan kunnen de politici tijdens de opnames ook nog van plaats veranderen...

TROUW ZWEREN

Bij de eedaflegging van de ministers had ik te doen met onze koning. Hij wilde met vakantie vertrekken maar moest thuis blijven om te werken. Voor werklozen en koningen is thuis-blijven immers geen vakantie.

Toch liet Albert duidelijk weten dat hij niet elke dag zou klaar-staan om de eed af te nemen. Je zag hem zo denken: 'Als het toch maar is om mijn voormiddag te laten verprutsen door zo'n stel knoeiers die te lui zijn om een zin uit het hoofd te leren...'

Je mag immers niet uit het oog verliezen dat onze koning, toen hij moest ingezworen worden, ontzettend z'n best gedaan had. Hij was op van de zenuwen.

Albert houdt niet van eedafleggingen, het is niet zijn sterkste kant. Tijdens mijn theatertournee 'Patat' vertelde ik dat onze koning er een broertje dood aan heeft. Steevast kreeg ik de 'ohhhh!' als reactie vanuit de zaal. Laat het duidelijk zijn dat zijn broer eerst gestorven was en hij dan pas de eed mocht afleggen.

Los van die eigen persoonlijke naargeestige herinnering kan men bij onze koning ook geen boom opzetten over trouw, zonder hem in verlegenheid te brengen. Het moet voor die man ronduit vreselijk zijn om telkens als hij weer een nieuwe minister ziet, opnieuw over die kwestie te horen. En dat ter-wijl de koningin staat mee te luisteren.

Nadat prins Bernhard overleed, zijn een aantal buitenech-telijke kinderen opgedoken en daar deed men in Nederland nogal moeilijk over. Er is onlangs nog een boek verschenen over het gedrag van onze koning in de jaren zestig en prins

Bernhard was in vergelijking met 'prins' Albert een onschuldige blanke maagd.

Prins Albert was de David Beckham van de sixties. En dan heb ik het niet over voetbal, maar over de hippiegedachte 'make love, not war'.

Albert moest daarvoor niet aankloppen bij een escort-service zoals de stervoetballer. Ik vermoed dat dat in die tijd nog niet bestond. De Escort was in mijn jeugd een Fordje. En een escort-service was hoogstens een onderhoudsbeurt.

Op de ke(e)per beschouwd: nu nog, eigenlijk.

SMS aan Jef Vermassen

Meester, als de half-
broer van Helmut Lotti
vrijkomt na 20 mes-
steken, met hoeveel
messteken komt Helmut
zelf dan weg? Geert.

Ok   Back

David - Ik ben rijk en beroemd en heb nekpijn - Beckham

Veel meer dan in de showbusiness is er in de sport sprake van seks, drugs en rock-'n-roll. Seks voor Beckham, drugs voor Maradona en rock-'n-roll voor Francesco Planckaert! Want daar moeten wij het mee doen. Jammer dat er bij ons in de sportwereld nooit iets opduikt dat we kunnen catalogiseren als seks. Ja, Kim Clijsters wilde trouwen, maar dat was toch veeleer 'moedertje spelen'.

Om die nationale leemte op te vullen, duiken gelukkig af en toe smeuïge verhalen op met de Engelse stervoetballer David Beckham in de hoofdrol. Iedere maand beweert er wel een leuke vrouw dat de stud niet enkel goed is met zijn stuts. De bewijzen blijven meestal beperkt tot sms-berichtjes. Wat me niet verwondert, want Beckham heeft zo'n beetje hetzelfde stemmetje als Johan Museeuw, die andere sms-koning. Met zo'n stem kan je geen zwoel telefoongesprek voeren.

Je vraagt je af waar Beckham de tijd vindt om er zoveel diverse minnaressen op na te houden. Profvoetballer bij Real Madrid en het nationaal elftal én talloze reclameopdrachten vervullen én zelf de kinderen naar school brengen én echtgenoot zijn. Hij heeft zijn hanenkam afgeschoren omdat hij geen tijd meer had om ook nog eens bezig te zijn met zijn kapsel!

Om hem aan de 'moeilijke periode in zijn huwelijk' te herinneren, heeft David Beckham een tattoo in zijn nek laten zetten! Ik ben rijk en beroemd en heb nekpijn!
Hoe kan je aan iets herinnerd worden als het in je eigen nek staat? Dan moet je toch ogen op je rug hebben? Je weet toch niet wat er in je nek staat? Behalve als het een zweer is.

Je ziet ook steeds meer tattoos op de onderrug. Op dat plaatsje boven de bilnaad. Mijn Duits nichtje noemt zo'n tattoo: 'aarsgewei'.

Omdat het meestal bouwvakkers zijn die met dat stukje bloot lopen, heb ik het maar 'het bouwvakje' gedoopt.

Trouwens, om David aan de 'moeilijke periode' te herinneren zal het volstaan dat hij naar zijn vrouw kijkt. Wat een slechtgezinde Spicegirl is Posh geworden. Ze zou het goed doen in een commercial voor punaises of prikkeldraad. Ze heeft sinds kort een eigen parfum. De tijd is rijp voor haar eigen merk azijn.

Om aan de huwelijksproblemen een eind te maken, hebben David en Victoria Beckham verzoeningsgesprekken gevoerd bij Elton John thuis. Het zou hetzelfde zijn als bij ons wielrenner Frank Vandenbroucke en Sarah bij Koen Crucke zouden aankloppen.

Of het allemaal veel zal uithalen weet ik niet, want straks is het weer goed tussen Becks en Posh en wil ze hem eens fijn zijn nek masseren... Ziet ze die herinnering aan de 'moeilijke periode'.

TELECOMORGASME

Dankzij David Beckham is het begrip 'seks-sms'je' ingeburgerd geraakt. Wekenlang kwamen er lange berichten over de short messages. Je kon er niet omheen. De condoomverkoop daalt, maar het aantal seks-sms'jes stijgt.

Zelfs mijn eigen moeder was ermee bezig. Op een middag vroeg ze me: 'Maar wat is dat nu precies, zo'n seks-sms'je?' Dat is ook een gevolg van de vergrijzing: opeens moet je voorlichting geven aan je ouders en grootouders.

Men doet altijd alsof je al die termen kent. Zo staat op de afrekening van mijn gsm ook de term 'roaming'. Het klinkt als een Engelse term voor het boeken van een hotelkamer met de gsm.

Sms is de afkorting voor 'short message service'. Een afkorting van een kort berichtje, dus. Een seks-sms'je moet dan iets zijn als een vluggertje. Na de in-vitrofertilisatie het telecomorgasme!

Probeer maar eens uit te leggen wat een seks-sms'je is. Een berichtje dat je intikt met je middelvinger? En om af te sluiten druk je op je G-plekje!

Ik vertelde mijn moeder dat als er een seksberichtje op het schermpje van je gsm verschijnt, je naar adem moet snakken. Maar mijn moeder antwoordde: 'Ik hap naar adem als ik mijn factuur krijg van Proximus.'

Als je vroeger aan de telefoon naar adem snakte, werd je vervolgd als hijger.

Proximus brengt mensen dichterbij! Hoe dicht kan je komen? Straks kan Proximus nog zijn naam veranderen in Orgasmus.

Ik heb gemerkt dat de inhoud van een seks-sms'je er eigenlijk niet toe doet. Het hoeven helemaal geen berichten met drie letterwoorden te zijn. Bij zo'n sms'je gaat de ontvanger net zoals de hond van Pavlov al kwijlen als het belletje gaat. In plaats van rooie oortjes krijg je rooie oogjes.

Misschien is dat wel de reden waarom mensen soms met rode oogjes op een foto staan. Ze hebben net een pikant sms'je gelezen!

Als je een seks-sms'je op een gsm met fototoestel krijgt, gaat die gsm dan flitsen?

Hoezeer de telefoonmaatschappijen er ook reclame voor maken, toch zie je in het dagelijks leven nog maar weinig mensen foto's maken met hun mobiele telefoon.
Het omgekeerde: telefoneren met een fototoestel, zie je helemaal nooit.

Bij het begin van de vorige eeuw riep de fotograaf als hij een portret maakte: 'Kijk eens naar het vogeltje!' Bij een seks-sms'je op een gsm met fototoestel krijgt die uitroep wel een heel dubbelzinnige betekenis...

Sekslijnen

Te zien aan het aantal advertenties voor sekslijnen in de kranten en op tv is er wel degelijk nood aan een goed gesprek. Vroeger zapte je er wel eens langs in een buitenlands hotel, nu is VTM ook in de lichaamsverzorging – want zo heette dat vroeger – gegaan. Toen Jan Verheyen er directeur was, deed de commerciële zender werkelijk alles om mannen aan een vrouw te helpen. Niet alleen met programma's als 'De nieuwe mama', 'Boer zkt vrouw' of 'Blind date'. Kijkers die uit de boot vallen, kunnen dankzij de familiezender naar de hoeren.

's Nachts, als ik thuiskom van een voorstelling en ik nog wat wil zappen, liggen de meisjes met zwoele stem te smachten: 'Bel me, nu!'

Veel keuze is er niet. Op Eén herhaalt Jan Becaus tot de vroege ochtend hetzelfde nieuws. Op Kanaal Twee springen ze op een trampoline en bij VT4 zitten ze onder water. Of je kan op een die zenders meespelen door te raden naar een lidwoord van twee letters, je krijgt de 'E' en de 'D' cadeau. Je zal maar in de buurt van Zaventem wonen en elke nacht wakker liggen! Die vliegtuigen gaan van de grond en ik niet?

'Bel me, nu!' Kunnen die meisjes wel de telefoon opnemen als ze met hun beide handen zo druk in de weer zijn?

Laat ik het maar toegeven, ik heb nog nooit naar zo'n nummer gebeld. Hoezeer de meisjes ook hun lippen natmaken. En ik heb nog nooit gebeld omdat ik niet precies weet wie ik aan de lijn zal krijgen. Want uit die reclameslogans kun je niets opmaken. Zeg nu zelf, als je hoort: 'Bel met een vrouw zonder taboe's', dan is de kans groot dat je Mieke Vogels aan de lijn krijgt! Dat ware zonde van het geld.

Ik heb eens een paar van die slogans onder ogen genomen. Wie zou er zitten achter: 'Luister naar een vrouw die je rooie oortjes bezorgt'? Dat zou Freya Van den Bossche kunnen zijn. En wie is de 'opgewonden huisvrouw'? Patricia Ceysens?

Misschien zijn de sekslijnen ook verzuild en heeft elke politieke partij zijn eigen callgirls. Een nieuw soort van dienstbetoon. Op die affiches van het Vlaams Belang staan sinds kort ook blonde 'bel me, nu'-vamps.

In Het Laatste Nieuws vielen mijn ogen op een advertentie 'Chat, Date & Versier'. Afgekort is dat CD&V! Wat zou zuster Monica 's nachts na haar uren doen? Lieve Hemel!

Kroketjes 2

Nieuw woord voor wielrenners die hun dopingzonden maar niet willen toegeven: **epocriet**.

Ik las dat de brulkikkers in België werden geïntroduceerd voor hun grote **BILLEN**!
Brullen die met hun billen? Dan zijn het windkikkers!

De grootste **zeehondenjacht** sinds 50 jaar is begonnen. Een troost misschien: door de opwarming van de aarde zou de vraag naar bontmantels toch moeten afnemen...

VTM is op zoek naar **avonturiers**. Zijn dat dan mensen die een hele avond naar een commerciële zender durven kijken?

Bobbejaanland in Spaanse handen. Is dat ook een voorbeeld van **braindrain**?

Luikenaars ontdekken **zwaarste ster** van het heelal. Ze woont in Jodogne en heet Louis Michel.

Het wrak van de **TITANIC** zou aan het vervallen zijn. Als mijn geheugen mij niet in de steek laat, was dat bootje ook als nagelnieuw schip al geen blijvertje.

Kleine verwekt met **21 jaar oud** – ingevroren – zaad. Is-ie bij zijn geboorte nu meteen volwassen?

Uit Grieks onderzoek blijkt dat er een verband bestaat tussen de lengte van de penis en die van de wijsvinger. Dus de **middelvinger** opsteken heeft eigenlijk helemaal geen zin.

In Gent zijn er **toiletten** in de vorm van een rol toiletpapier. En dan verbaasd zijn als ze het aan de muren smeren...

Onderzoek zou bewijzen dat **rokers** minder vaak last hebben van Alzheimer. Niet verwonderlijk. Ze worden niet oud genoeg om het te krijgen.

Iemand die niet kan stoppen met **sluikstorten**: depotfiel.

Als je ziet hoeveel sporters **GOD** bedanken voor hun overwinning en tegelijk de ellende in de rest van de wereld bekijkt, moet je haast concluderen dat God zich eigenlijk alleen om wielrennen, voetbal en tennis bekommert...

Er komt wellicht een standbeeld van **Jean-Marie Pfaff** in Middelkerke. In brons. Zijn eigen huidskleur.

Halve fles **WIJN** per dag doet de hersenen beter werken. Dat hebben Engelse geleerden uitgedokterd. Ik wist dat al lang. Als je ziet wie meestal Bob is...

Zwerfdieren werden in Athene tijdens de Spelen opgepakt en in hokken gestopt. Hun lot valt dus nog mee in vergelijking met dat van de kleiduiven.

Les jeunes premiers

Vlaamse mannelijke politici hebben dezelfde erotische uitstraling als, pakweg, een potje Yakult. Een paar jaar hebben de vrouwen kunnen hopen op mannelijke tegenhangers van de politieke babes. Maar in plaats van een reeks William Lawson's-modellen zitten ze nu opgescheept met onvervalste Bob's. Geen Sponge-Bob's, geen Bob de Bouwer-Bob's, nee. Heel de Vlaamse regering zit vol met van die alcoholvrije Bob's.

Leterme, Bourgeois, Peeters, Van Mechelen en Vandenbroucke zullen niet snel figureren op de kalender van Cosmopolitan. In de modellenwereld zullen ze het niet veel verder schoppen dan een educatieve spot over teennagelschimmel. Of een standee voor Immodium.

Ik moet een beetje uitkijken met wat ik schrijf, want ik ken een paar van die mannen persoonlijk. Meer nog, met Yves Leterme heb ik zelfs samen gestudeerd. Hij heeft het me zelf verteld. Het was me niet opgevallen. Maar er zat inderdaad een boeiende kerel in mijn jaar die uren kon vertellen over zijn postzegels. Yves moet nogal geschrokken zijn toen hij Albert voor het eerst in het echt tegen het lijf liep. Waar moet je bij zo'n levensgrote driedimensionale postzegel likken?

Het is heel vreemd als je iemand ziet, die je kent van vijfentwintig jaar geleden in de 'schoolbanken' en die opeens minister-president is geworden. Dan heb je iets van: 'Dat kon ik geweest zijn!' Ik zou het geen week volhouden als premier. Maar we zouden wel een week gelachen hebben... Ik denk dat bij mijn eedaflegging de koning zenuwachtiger zou zijn dan ik!

Niet dat ik Yves Leterme nog ontmoet heb nu hij minister-president is, maar uit zijn beleid kan ik opmaken dat hij aan mij

denkt. Hij heeft al een paar maatregelen genomen waarmee hij solliciteert voor mijn conference. Zo wilde hij Leo Delcroix als adviseur aantrekken. Ex-minister Leo Delcroix! Wat heb ik plezier aan die man beleefd in het verleden. Nog lang voor de priorzegels bestonden was hij minister van Posterijen! De *facteurs* konden in die tijd nog lekker bijklussen in de bouw! Hun georoute liep toen nog via het zuiden van Frankrijk!

Het milieuboxenschandaal is onlangs verjaard. Leo Delcroix had het dossier in een milieubox gestoken en de rechters hebben die niet op tijd open gekregen.

Wat Leterme ook allemaal gaat verzinnen, hij zal me niet ontgoochelen. Dat weet ik nu al. En Geert Bourgeois ook niet. Leterme komt uit Ieper en Geert Bourgeois komt ook uit die regio... Een duo uit de buurt van Ieper dat de wereld wil veroveren, dat zie ik wel zitten.

Hopelijk willen de coalitiepartners meespelen, want het zal niet gemakkelijk zijn om de vijf jaar rond te maken. De Vlaamse regering is immers een tripartite, en drie in één is goed voor een powerball van Calgonit, maar in de politiek werkt dat niet.

Bovendien bestaat deze tripartite uit zes partijen. CD&V, N-VA, SP.A, VLD, Spirit en Vivant. Met zoveel in één pot krijg je nooit de fameuze neuzen in dezelfde richting. Het is totaal onmogelijk om een verzamelnaam te verzinnen voor het beleid. Je zou kunnen spreken van een soort appelblauwzeegroen, maar Groen! zit in de oppositie.

Je kan gemakkelijker voor de verzamelde oppositie een nieuwe naam zoeken, want dat zijn maar twee partijen: Groen! en Vlaams Belang. De naam die ik voor de oppositie zou willen introduceren is: de vegetariërs. Groen! dat is het vegetale gedeelte en Vlaams Belang, dat zijn de Ariërs.

SMS AAN ANISSA TEMSAMANI

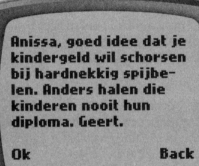

Anissa, goed idee dat je kindergeld wil schorsen bij hardnekkig spijbelen. Anders halen die kinderen nooit hun diploma. Geert.

Ok   Back

Skivakantie

Waarom moeten we telkens weer die zielige beelden zien van mensen die hun been breken op skivakantie? Je ziet ze dan in een vliegtuigje van Touring of Europ Assistance of de VAB teruggevlogen worden. Ze worden naar hier gehaald alsof het helden zijn. Ze doen het erom! Men moet daarmee stoppen. Dat je een vliegtuig uitstuurt om mensen te helpen die het slachtoffer geworden zijn van een tsunami, een aardbeving of watersnood, oké, maar alstublieft niet voor een skiongeval. Dat zorgt alleen voor extra nachtlawaai.

Mensen die zichzelf in het gips hebben geskied zijn mensen die daarvoor speciaal, in hartje winter, duizend kilometer ver rijden om met een aërodynamisch spannend pak als gladde jongen op een hellend vlak vol sneeuw en ijs te gaan staan, met latten onder hun voeten die ze eerst nog eens ingesmeerd hebben met was, om nog sneller te glijden! Vervolgens storten ze zich van de hellingen naar het dal. Laat ons eerlijk zijn: als je dan valt moet je het zelf maar weten, maar val ons er niet mee lastig. Jack ass!

Als het sneeuwt en vriest moet je binnenblijven! Tenzij je een pinguïn bent. Of een ijsbeer. Maar die beesten weten beter, die slapen in de winter.

Ik heb nog nooit een eskimo gezien op ski's. Die binden tennisraketten onder hun schoenen om in de sneeuw te lopen. Niet dat ik dat nu de meest logische keuze vind, maar eskimo's zijn soms ook het noorden kwijt. Dat maakt niet veel uit als je aan de noordpool woont, natuurlijk...

Eskimo's doen veel rare dingen. Neem nu neuzeke-neuzeke. Neuzeke-neuzeke heeft me altijd geïntrigeerd. In een documentaire op televisie hoorde ik de commentaarstem beweren

dat de eskimo's om elkaar te begroeten neuzeke-neuzeke doen omdat het te koud is om elkaar de hand te geven. Ik moet er niet aan denken. Met dat weer hangt er immers een ijspegel onder je neus. Een cornetto! Als een eskimo met een griepje rondloopt, wordt dat al snel een pistache-cornetto.

Dat eskimo's elkaar niet gaan zoenen lijkt me logisch. Bij -20°C is zoenen is te gevaarlijk! Voor je het weet vriest je tong vast!

In diezelfde televisiereportage vertelde men ook dat de voeding van de eskimo's bijna exclusief uit vis bestaat. Levertraan is daar de naam van een parfum! In plaats van 'Number 5 by Chanel' moeten ze het doen met 'Omega 3 van Captain Iglo'.

Eskimo's zijn ook de uitvinders van de kunstmatige bevruchting. Al die mannen lopen rond met ingevroren zaad. Die vrijen niet, eskimovrouwen vragen aan hun man een paar ijsblokjes.

Maar voor alle duidelijkheid: eskimo's hebben niets met ski's te maken. Ze hebben het woord ski in hun naam maar ze gaan er niet op staan.

Dat Oostenrijkers of Zwitsers zich met ware doodsverachting van een berg laten glijden, snap ik: als je het hele jaar door koekoeksklokken moet maken of Tirol als mooiste streek hebt, dan wil je gewoon sterven. Die mensen leven zo gezond dat ze geen last hebben van kanker of hartaanvallen. Daarom moeten die bobsleeën, van skischansen springen en bergbeklimmen. Wij hebben dat niet nodig. In een land waar men niet eens weet waar precies de ondergrondse gasleidingen lopen, is het risico groot genoeg.

DE BELGISCHE BIG BANG

*In de buurt van Ath was er een gasbuis met een gat,
in Ghislenghien gaf dat een serieuze patat.*

'Duizend bommen en granaten!' Dat was mijn eerste reactie toen ik de beelden zag van de ontploffing in Ghislenghien, 'Dokter Luc Beaucourt zal al onderweg zijn naar Zaventem.'

Maar dat klopte niet, want Ghislenghien ligt niet in het buitenland, maar in Waals-Brabant. Ik troostte mezelf nog even met de gedachte dat de regering Brussel-Halle-Vilvoorde aan het splitsen was en dat die rookpluim de uitloper was van het klank- en lichtspel dat daarbij hoorde. Mis. Het was een vreselijke ontploffing. Van het genre 'munitiefabriek ontploft in het midden van China'. In een plaatsje dat niet eens op de kaart lag en er meteen afgeveegd werd.

Ghislenghien, of Gellingen, zoals het vluchtig werd vertaald, lag net onder de taalgrens in eigen land... Ik had er nog nooit van gehoord. Bleek dat alle gas dat vanuit Zeebrugge naar Frankrijk loopt, onder die gemeente passeert. Dat wist ik niet, de inwoners van Ghislenghien evenmin.

De stad in de buurt was Ath. Die wist ik wel liggen. Niet dat ik er ooit geweest ben, maar op school moest ik het kunnen aanduiden op de kaart van België. Het lag op en aan de rivier de Dender. Dat herinnerde ik me. De Dender denderde via Aalst en Dendermonde de Schelde in en passeerde zo langs Antwerpen. Van Ghislenghien naar Antwerpen. Anno 2004 zou je kunnen zeggen van 'De Big Bang' naar 'Het Zwarte Gat'.

Op de lagere school, tijdens de lessen aardrijkskunde, werden we om de oren geslagen met blinde kaarten waarop je de stromen en rivieren moest kunnen tekenen. Ik heb nooit begrepen wat het nut daarvan was. Moest je de loop van een rivier kennen voor het geval je verloren liep? Kon je dan terugzwemmen? Kinderen in het katholiek onderwijs konden over het water lopend naar huis! Na al die jaren besef ik nu pas waarom er zoveel mensen 'Opdebeeck' heten.

Boven het schoolbord hing er zelfs een blinde kaart van België. De meester duidde er plaatsen op aan, met zijn witte stok.

'WIJLE ZIJN DE MANNEN DIE DE GAAS DOEN BRANNEN'

Als er in de rest van de wereld een gaspijpleiding zonder duidelijk aanwijsbare reden in de lucht vliegt, dan zegt men onmiddellijk: 'Het is een aanslag!' Bij ons niet. Hier weet men meteen: geknoei van de gemeente of van een aannemer.

Bij de ontploffing in Ghislenghien werd Fluxys ter verantwoording geroepen. Fluxys is het bedrijf dat die buizen beheert, zeg maar de *pijpleiding*. Al een paar uur na de knal stond een woordvoerder ons tijdens het middagjournaal gerust te stellen. 'We hebben het veiligste net van heel Europa!' stond hij te zweten. Het maakte niet echt een geloofwaardige indruk met die beelden van de ramp op de achtergrond. Een heel industrieterrein ging in de vlammen op en er waren meer dan twintig mannen de pijp uit. Elk geeft zijn eigen invulling aan het veiligheidsgevoel.

De man legde uit dat men gehoord had van een lek, maar de gaskraan werd niet onmiddellijk afgesloten want het opstarten kostte te veel... Er zou eerst een mannetje ter plaatse worden gestuurd. 'Als we iedere keer de kraan zouden moeten afsluiten als er alarm is...' klonk het. Je vraagt je wel af waarvoor een alarm dan dient: om een signaal te geven als het te laat is? Het veiligheidsprotocol kwam neer op het volgende: je kan maar beter geen risico nemen, we wachten tot het ontploft en dan bellen we de brandweer.

Ik wist niet wat ik hoorde. Ook de dagen daarna kwamen de vreemdste zaken aan het licht. Zoals bijvoorbeeld dat men in België niet precies weet waar de gasleidingen ondergronds lopen. Of dat het ondergronds netwerk één keer per week gecontroleerd wordt... met helikopters.

Na zoveel onzin begrijp ik eindelijk hoe ooit iemand het liedje 'Wijle zijn de mannen die de gas doen branden, de klinken repareren en de vrouwen ambeteren...' heeft kunnen bedenken. Tijdens een voorstelling van Geert Hoste Patat in de Arenbergschouwburg riep iemand dat het een liedje van De Strangers was. Ik ging in dialoog met de stem en opeens stond die man uit zijn stoel op de eerste rij op en kwam voor het podium staan om te discussiëren. Omdat hij nogal stond te speuren waar ik precies stond, besefte ik dat de man of blind of slechtziend moest zijn. Ik keek onder de theaterspots door en zag dat er op de eerste rij nog vier kerels zaten met een zonnebril. De hele voorstelling heb ik mijn lach moeten inhouden: alleen in België zet men blinden op de eerste rij en doven achteraan op het balkon.

Ik kende het liedje van 'de mannen die de gaas doen brannen' van mijn collega Urbanus toen hij nog Van Anus was en voor BRT komische filmpjes 'Urbanus-strips' maakte. Op een etentje in het voorjaar bij het verschijnen van het honderdste Kiekeboe-album vertelde Urbain me dat hij blij was dat hij die 'Van Anus' had laten vallen. In het Frans is 'Van Anus' immers 'Dutroux'. Ik complimenteerde hem met de grappige vondst. 'Ge moogt die grap hebben', zei Urbain. Wel, merci.

Bij het naar huis gaan bedacht ik dat 'Van Anus' in het Engels niet misstaat: Bill Gates. Dat is toch al beter.

TREK UW PLAN

Helikopters om gaslekken in ondergrondse leidingen op te sporen? Het klinkt als kaarsen branden om een examen door te komen of een biefstuk op je buik leggen als je honger hebt. Hadden ze in Ghislenghien maar 'De Neus' er bij geroepen om het gaslek op te sporen.

Als er iets vreemds gebeurt in ons land, duikt steeds weer de netwerktheorie op. Het ontbreekt altijd aan bewijzen om dit hard te maken. Uit de commentaren na de ontploffing in Ghislenghien hebben we kunnen vaststellen dat er zelfs voor de gasleidingen amper een netwerk is.

Maar daar zal verandering in komen. De minister heeft beslist dat er een digitaal kadaster komt van alle ondergrondse leidingen in ons land. Geen overbodige luxe lijkt me, nu de rokers massaal op straat zijn gejaagd om hun sigaretje op te steken.

Een digitaal kadaster voor ondergrondse leidingen. In mensentaal betekent dat, dat je de plannen van alle leidingen via de computer zal kunnen raadplegen. Dat lijkt me vooral handig voor terroristen die bijvoorbeeld 'de gasvoorziening in Frankrijk willen platleggen'. Als de eerste de beste bouwvakker met een pikhouweel zo'n ravage kan aanrichten als in Ghislenghien, waarom zouden die gasten van Al Qaeda dan nog een pilotenopleiding volgen?

Zou de minister echt denken dat de wegenwerkers, de mannen van de travaux, 's morgens voor ze in het busje kruipen, met een gerolde sigaret in de mond, vlug eens surfen op het internet om te zien waar die leidingen nu precies lopen? Ik zie ze al boven de laptop voorovergebogen, met hun bilnaad bloot. Ze kunnen niet eens overweg met hun eigen ondergrondse leiding.

Belgen zijn wereldkampioenen bouwovertredingen! We zijn plantrekkers. We trekken zelf wel ons plan. Wie ooit gebouwd heeft, weet dat er zelfs met de plannen in de hand fouten worden gemaakt...
'Daar mag je niet graven, daar ligt een gasleiding.'
'Kan geen kwaad, ze kijken toch niet.'

Het is niet alleen in de bouw zo. De meeste mensen gebruiken een plan om achteraf te zien waar ze verkeerd zijn gereden. 'Ah ja, daar had ik moeten afslaan...'

Het digitale kadaster moet klaar zijn tegen 2014. Even hebben we in Vlaanderen gedroomd van Olympische Spelen in 2016. 'Die plannen werden opgeborgen wegens te duur', was de officiële versie. Net op tijd... want na Ghislenghien weten we dat als die werkzaamheden nu waren begonnen, we wel eens een zeer grote Olympische Vlam hadden kunnen krijgen...

DE MINISTER VAN PIJPEN

Tien dagen na de ontploffing liet men alweer gas door de pijpleiding vloeien. Een trotse minister Verwilghen ging ter plaatse de werken inspecteren. Waarom hij dat precies deed, is me niet duidelijk. Vlotte Marc heeft om de zes maanden een andere portefeuille. Nu is hij minister van pijpen.

Het is een goed bewaard geheim dat Marc Verwilghen van een goeie pijp houdt. Vandenboeynants, Coveliers én Verwilghen. Het is een mooi trio. Marc Verwilghen had als minister – na een serieuze joint! – aanvaard om die job te combineren met die van bestuurder bij British American Tobacco. BAT. Hij is begonnen als witte ridder, opeens werd hij BAT-man. Toen het uitlekte dat dat ethisch niet verantwoord was, moest hij terugtreden. Heel toevallig werden twee weken later de goedkope sigaretten verboden...
Ik vraag me af of die vacature bij BAT al ingevuld is. Misschien iets voor Louis Tobacco?

Wat de bevoegdheden zijn van minister Verwilghen weet hij hoogstwaarschijnlijk zelf ook niet. De windsurfer uit Knokke dook in het najaar ook op aan de Zuidpool. Hij vertelde dat België een centrum zal oprichten om de opwarming van de aarde te bestuderen.
Op de Zuidpool. Dat is hetzelfde als in de diepvries kijken of de verwarming het doet.

Bij de herstelde gasbuis van Ghislenghien vertelde een minzame Verwilghen met zijn rechtermondhoek omhoog getrokken: 'Het ziet er allemaal weer keurig uit en om zeker te zijn dat er geen lekken zijn, heeft men de pijpleiding ingewreven met een mengsel van water en zeep.' Alsof het een grote fietsband betrof, die men in een emmer water onderdompelt om

een gaatje te zoeken. Verwilghen moet toch ook even gedacht hebben dat hij nog op ontwikkelingssamenwerking zat.

Een mengsel van water en zeep?! Ik weet niet of het veilig is, maar het klinkt toch proper. Deze ontploffing zal dan ook de geschiedenis ingaan als de cleanste brand ooit. Want binnen een uur na de knal verscheen een officieel communiqué waarin verklaard werd dat er geen gevaar was voor de volksgezondheid. Er waren geen schadelijke stoffen vrijgekomen. Je mag geen barbecue houden in je achtertuintje en je moet roken op straat omwille van de schadelijke effecten, maar zo'n brand waarbij twee fabrieken in de lucht vliegen, tientallen auto's verbranden... Er was een rookpluim die ze tot in Parijs hebben geroken, maar dat kon geen kwaad.

Je weet niet meer wat schadelijk is en wat niet. Als er een tankwagen kantelt of er komen gifwolken vrij uit de schoorstenen van de chemische industrie in de haven, is men er ook als de kippen bij om te verklaren dat er geen schadelijke stoffen zijn vrijgekomen, maar 'gelieve uw ramen gesloten te houden'.

En 'stop met inademen'!

SMS AAN BERT GEENEN

Bert, 'De meest iden-
tieke tweeling' is het
perfecte programma
om te herhalen.
Geert.

Ok   Back

FLIP-FLIP OF FLOP-FLOP?

In de zomer bereikte ons het verschrikkelijke bericht dat flip-flops, de traditionele teenslippers, mannen impotent kunnen maken. Impotent: je kan niet meer uit je sloffen schieten.

Volgens mij is de volgorde van het onderzoek niet juist. Ik denk dat je pas zulke teenslippers gaat dragen op het moment dat de impotentie je al in de greep heeft. Als je geen succes hebt gehad met je witte sokken en sandalen.

Ik had van dat woord nog nooit gehoord: flip-flop. Teenslipper ja. Toen ik de kop in de krant zag staan 'Flip-flop veroorzaakt impotentie' dacht ik: 'Weer een leuke creatie van Studio 100'. Een musical over een kroonprins die maar geen koning kan worden: Flip-flop. Of een nieuwe buurman voor Kabouter Plop: kabouter Flip-flop. Een kabouter bij wie het mutsje maar niet omhoog komt...

Ik kende het woord flip-flop niet en op tour door Vlaanderen heb ik allerlei benamingen gehoord. Van teensletsen (Antwerpen) of sletsen (Gent) naar zeevatten (Roeselare) of savatten (Kortrijk). Maar ook fiefieten (De Panne) en babouchekes (aldus een vrouw die beweerde dat men flip-flops zo noemde in 'de Kongo'). Maar voor iemand die wel eens een boek van de jonge Jef Geeraerts heeft gelezen, zijn impotentie en Kongo tegenstrijdige begrippen.

Het zou best kunnen dat men de naam flip-flop gekozen heeft omdat die sandaaltjes zo'n soort geluid maken als ze tegen de onderkant van de voeten slaan tijdens het wandelen. Als je twee gelijke teenslippers draagt, hoor je dan flip-flip? Of flop-flop?

In elk geval klinkt het woord flip-flop op zich al op een of andere manier impotent. Het zou wel eens het Esperanto kunnen zijn voor impotentie. Het tegenovergestelde van tiptop.

Blijft de vraag: hoe word je impotent door een flip-flop? Als ze je ermee in je kruis geslagen hebben? Of omdat mannen door hun vrouw uitgelachen worden als ze ze dragen? Wie houdt die dingen ook aan als-ie gaat vrijen?

In het krantenartikel stond dat die impotentie veroorzaakt wordt door de chemicaliën in dat schoeisel. Als je dat leest van die kleine flip-flops, hoe zou het dan zitten met hengelaars die rubberen lieslaarzen dragen? Misschien vissen ze daarom en zitten ze niet thuis bij hun vrouw?

Steek het maar op de flip-flops! Vrouwen mogen valse wimpers en acryl vingernagels hebben, of botox in hun lippen en siliconen in hun borsten hebben, dat kan geen kwaad. Maar een eenvoudige flip-flop kan mannen fataal worden. Waar is de gerechtigheid?

Het gekke is dat het uitgerekend de Chinezen zijn die flip-flops hebben uitgevonden.
Met z'n hoevelen zouden die Chinezen geweest zijn als ze die dingen niet hadden uitgevonden?

DE VERMAAGRING EN HET TEPELKAPJE

Ben je mager als een lat, heb je een dik gat?
Wil je grote borsten, of heb je 't liever plat?
Die rimpels en dat wrat strijken we wel glad,
In de Wellness-kliniek, een serieuze patat.

Een van de belangrijkste rages van de laatste jaren blijkt de maagring te zijn. We zeggen wel eens dat Belgen geboren worden met een baksteen in de maag. Wel, dat spreekwoord zal binnenkort achterhaald zijn.

Steeds meer landgenoten laten 'een ring steken' zoals dat dan smakelijk heet. Ik ken een koppel waarvan de man zijn vrouw een maagring cadeau heeft gedaan, voor haar Valentijn. Toen ik hem vroeg of hij dat niet erg onromantisch vond, was zijn antwoord gevat: 'De liefde van de man gaat toch door de maag?' Een ring rond je maag, of een pijl van Cupido in het hart, voor mij is het toch wat anders...

Koppels hebben nu voor alle gelegenheden een ring. Er is een verlovingsring voor verliefden. Er is de trouwring voor het huwelijk. Na zo'n 25 jaar huwelijk wordt het tijd voor een maagring. En als dat niet meer werkt, is er de boksring!

Ook de regering kan stilaan de besparingsslogan wijzigen. Vroeger werd gezegd dat we de broeksriem moesten aanhalen, nu mogen we de maagring dichttrekken.

Dat is het vernuftige aan de maagring: je kan die zelf dichttrekken! Hoe nauwer, hoe minder eten er in de maag kan. Dan ontstaat er een soort file op de binnenring.

Ik weet niet precies wie wat heeft, maar ik ken nog geen BM's, bekende maagringers.

Margriet Hermans heeft een maagverkleining en Koen Crucke is vermagerd nadat hij zijn eigen kookboeken had gevolgd. Had dat dan eerder gedaan, Koen! Er is lang discussie geweest over de vraag of Crucke ook een maagring had. Maar Crucke heeft dat altijd met klem ontkend. Hij heeft ergens anders een ring laten aanbrengen. Waarmee ik wil zeggen dat hij onlangs getrouwd is.

Toen er een Nederlandse vriendin naar mijn voorstelling kwam kijken en me hoorde spreken over de maagring, had ze 'vermaagring' verstaan. Ik vind het een schitterend woord, maar zo merk je pas hoe het begrip hier ingeburgerd is. In Vlaanderen spreekt men nu met hetzelfde gemak over een maagring als vroeger over een scoubidou.

Nog zo'n modewoord is de tepelster of het tepelkapje. Van de ene dag op de andere wist iedereen wat het was. Het seks-sms'je van David, het tepelkapje van Janet Jackson. Op de Superbowl, de footballfinale in de VS, was door een gespeeld onhandigheidje van Justin Timberlake de natie een blik gegund op de familiejuwelen van La Jackson.

Toen het incident zich voordeed heb ik goed de foto's bestudeerd. Tepelkapje? Ik ben tot de conclusie gekomen dat haar tepel in de steigers stond. Die tepel deed mij denken aan het gestolen schilderij 'De Schreeuw' van Edvard Münch.
Die tepel zag er niet gelukkig uit. Ik begreep waarom de Wellness-dokter Hoeyberghs als wetenschappelijke benaming voor een tepel het woord 'tsjoep' gebruikt.

Bij de neus genomen of een oor aangenaaid

Als ik de advocaat van Michael Jackson zou zijn, dan zou ik aanvoeren dat Michael er alles aan heeft gedaan om kinderen af te schrikken. Hij heeft zelfs een monstergezicht laten maken, maar dat heeft allemaal niet geholpen.

De voorbije jaren is er nogal geëxperimenteerd met de neus van Michael. Op tienerfoto's leek zijn neus nog op een mooi bruin aardappeltje. Gaandeweg werd die patatneus een friet. Nog later een aardappelchipje met twee gaatjes.

Dit jaar dook hij opeens op met een gerestaureerde neus. Omdat Michael meestal een zonnebril opzet, en je onmogelijk gewoon een haakje tussen zijn twee ogen kan slaan, werd er werk gemaakt van een nieuwe neus. Als neusbeen hebben chirurgen een stukje kraakbeen van zijn oor getransplanteerd. Ik weet niet of dat met het oog op die zonnebril wel zo'n verstandige beslissing was.

Van zijn oor werd een neus gemaakt. Nu kan zijn neus ook van zijn oren maken.

Een oor als neus, zo gek is dat eigenlijk niet. Hoeveel mensen zeggen niet bij het binnengaan van een restaurant: ik heb gehoord dat het hier lekker ruikt.

Een ding is duidelijk: de dokters hebben Michael Jackson bij de neus genomen en een oor aangenaaid. Het is nu wachten op een remix van de carnavalsplaat uit de jaren zeventig: 'Wat ben ik blij dat mijn neus van voren zit en niet opzij.'

De echte artsen zonder grenzen

Vroeger had je van die onschuldige rubriekjes in de damesbladen onder de kop 'Voor en na'. Het blad had dan een lezeres meegenomen naar de kapper en daar bovenop nog eens een goeie make-up gegeven. Daarna werden ook nog eens kleren van de sponsor aangemeten. Het resultaat was meestal verbluffend. Je herkende je eigen moeder niet meer!

Nu heeft zowat elke commerciële zender zijn 'Extreme Make-Over'-programma. Ik mag er graag naar kijken. Toch ben ik steeds weer gefascineerd door de slordige nonchalance waarmee die dokters te keer gaan. Met een dikke alcoholstift worden hier en daar wat kromme lijnen op de huid getekend. En dan zullen ze het wel eens in orde brengen. Als je niet beter wist zou je denken dat plastische chirurgen de echte artsen zonder grenzen zijn.

Oefening baart kunst. Want de voorbije jaren heeft de plastische chirurgie zo'n vorm van verfijning bereikt, dat je meestal niet meer kan zien dat er kosten gemaakt zijn. Tien jaar geleden was plastische chirurgie nog een soort loterij. Bij sommige patiënten dacht je na afloop: 'Is dat nu het resultaat van een facelift of een beroerte?' Of: 'Leuk carnavalsmasker gekocht in Aalst!'

Het schoonheidsideaal van die dagen kon het best omschreven worden met de woorden: 'Als het maar blond is, grote borsten en dikke lippen heeft.' Ik noem dat de boerka van Hollywood.

Man, je zag soms van die vrouwen op je afkomen. In volle oorlogsgeweld. Met een paar borsten die om aandacht smeekten. Met daar bovenop ergens een koppel assertieve tepels. Je moest uitkijken of je zou er jezelf aan kwetsen. Als man had

je alle reden om je geïntimideerd te voelen. Het was strijden met ongelijke wapens. Stond er plots een vrouw voor je met borsten die tienduizend euro per stuk hadden gekost en dan stond jij daar met een fluitje van een cent.

Dankzij de plastische chirurgie kunnen vrouwen zelfvertrouwen kopen. Als je van nature niet sexy bent, zuigen ze je liposexy.

Op tv worden we overspoeld met schoonheidsprogramma's. Beautiful, Extreme Make-Over, Wellness-kliniek. Het werkt aanstekelijk. In alle gezinnen wordt weleens de vraag gesteld: 'Wat denk je, moet ik grotere borsten nemen of moeten die rimpels weg?' Als ik al eens een tip mag geven: zeg niet wat je denkt... In deze kwesties is zwijgen echt goud.

Ook als iemand terugkomt van een operatie is het riskant om je mening te geven. Ik zeg zelfs zonder te kijken: 'Oh, ge ziet er euh... jonger uit!' Dat is zoals met het proeven van rode wijn: als je zegt dat je rode vruchten proeft, kan je nooit missen.

Doe-het-zelvers doen het met mama

In de jaren zestig en zeventig liep iedereen naar de psychiater, nu willen ze naar de plastische chirurg. In de jaren zestig en zeventig hoorde je 'Het zit 'm tussen de oren...' Nu zijn het de oren zelf! De problemen zaten niet vanbinnen, maar vanbuiten. Het grote voordeel is dat je nu wel resultaat opmerkt als er iemand terugkomt van de dokter.

Toch ziet het er mij allemaal zo onnodig pijnlijk uit. Vooraf tonen ze een halve vent met een ongestreken XL T-shirt en een joggingbroek en flip-flops. Na acht weken therapie wordt dat een professioneel opgemaakte vrouw, die naar een trendy coiffeur is geweest en die met sexy naaldhakken en een modieuze galajurk klaar is voor een trouwreceptie. De commentaren: 'Ge ziet er beter uit.' Het zou er nog maar aan mankeren. Met zoveel inspanning maak je zelfs van Sergio een topmodel.

Er moet ook altijd gehuild worden in die programma's. Dan zie je vrouwen in beeld: volledig in het verband, blauw, gezwollen ogen en dan zeggen ze snikkend: 'Snif, mmm, snik, hier heb ik altijd al van gedroomd, het is de schoonste dag van mijn leven.' Vroeger was dat de trouwdag.

Soms heb je de indruk dat er iets grondig misgelopen is in het programma De Werf of The Block. Dat er een vrouw van de trap gevallen is en dat ze zeggen: 'Dat kunnen we ook nog gebruiken voor Beautiful of Extreme Make-Over'.

Er wordt gekapt, gezaagd, gespoten, gesneden en verknipt. Zonder verpinken. Borsten, tanden, lippen, tatoeages, piercings worden toegevoegd. Zeg maar gerust dat de Vlamingen het bouwen van koterijen hebben ingeruild voor het knutse-

len aan het eigen lichaam. Je hebt er geen bouwvergunning voor nodig.

Maar niet iedereen heeft de financiële middelen voor een verbouwing of een goede chirurg. Want voor een paar mooie borsten kan je gerust een Afrikaans dorp een jaar te eten geven. Daarom zullen sommige mannen proberen het zonder de dokter te doen. Van die types die, als ze één keer iets op televisie gezien hebben, het ook zelf wel kunnen. Dat is Vlaams: al wat we zelf doen, doen we beter. Die slogan werd jaren geleden gelanceerd door minister-president Luc Vandenbrande. Daarna hebben we nooit meer van hem gehoord.

We zijn inderdaad een volk van doe-het-zelvers. Nog even en het zal zijn: 'Doe-het-zelvers doen het met... mama!' Denk maar aan Rob V., een van de klopstukken van het Belang. Hij had zijn vrouw in elkaar geslagen op straat. Misschien wilde hij wilde meer blauw op straat? Of was het gewoon een Extreme Make-Over? Eigen vrouw eerst!

Het parket zag geen graten in het feit dat hij zijn vrouw had afgeranseld. Rob V. heeft geen veroordeling gekregen, geen gemeenschapsdienst, niets. Een integratiecursus had toch niet misstaan. 'We slaan ons er wel doorheen' moet je in dit land niet letterlijk nemen.

Rob V. verdedigde zich door te zeggen dat zijn vrouw hem bedreigde met haar handtas. Had ze nu nog met een goedendag staan zwaaien. Of een leeuwenvlag van Vlaanderen Vlagt! 'Ik werd aangevallen met een handtas en daarom heb ik mijn vrouw in elkaar geslagen.' Het is een wonder dat Eddy Wally zo oud is geworden...

SMS AAN XANDEE

Sweetie, niet erg, die Eurosonguitslag. In Tienen smaakt zelfs een nederlaag zoet. Je klontje.

Ok   Back

SMS AAN SERGIO

Serge, wat is er mis mee
dat men tijdens het Song-
festival op elkaar stemt
omwille van de vriend-
schap? Laten we eerlijk
zijn, geen enkel liedje zou
ook maar één stem krijgen
als het om kwaliteit ging.

Ok   Back

NIEUWE TRENDS IN DE POLITIEK

Het Vlaams Belang doet iets voor de kansarmen zodra de mogelijkheid zich voordoet. Daarom trekken ze ex-missen aan! En Vlaams Belang heeft dat goed gezien. VTM is erin geslaagd om met een handvol ex-missen 25 à 30% van de kijkers aan te trekken. Als het Belang verder wil klimmen, is dit duidelijk de manier om tot resultaat te komen.

Vroeger hadden de Blokkers nog hun eigen vrouw nodig om de lijst op te vullen. Nu worden daar ex-missen voor ingehuurd. Nieuwe Meisjes! Voor die meisjes is het een job als een ander en een verkiezing waarvoor ze als kandidaat niet eens een badpak moeten dragen.

Hoe je het ook bekijkt, de erotiek sluipt binnen bij het Belang. Daarom hebben ze Emiel Goelen aangetrokken. Hij heeft indertijd via tv wekelijks de blote borst in de huiskamer gebracht. Emiel Goelen liet tijdens 'Op de koop toe' altijd wel een monokini zien op een ver strand.
Goelen is ook de uitvinder van het onveiligheidsgevoel: waar hij ook met een cameraploeg heen trok, hij wilde weten of er een kluis was. U knijpt ze toch ook?

De politieke partijen proberen alles om kiezers te lokken. Er was een tijd dat men bekende zangers, voetballers en babes wilde. Nu zijn bekende politieke journalisten in de mode. Ivo Belet, Mark De Mesmaecker, Dirk Sterckx en als je heel erg mild bent, kun je zelfs Jürgen Verstrepen journalist noemen. De ene week kon je in zijn programma nog een paar grote borsten winnen, de andere week stond hij de vrijheid van meningsuiting te verdedigen.

Politiek is te ingewikkeld geworden. Daarom stappen de politieke journalisten zelf in de politiek. Dat is een stuk gemak-

kelijker. Zou er één minister zijn in ons land die al zijn of haar collega's kent? De meesten kennen niet eens hun eigen bevoegdheden. Ze moeten op hun eigen visitekaartje kijken om te zien wat hun bevoegdheden zijn. Of om te weten waar ze precies werken. Daarom hebben ze een chauffeur. Die brengt hen er wel heen.

Verhofstadt zélf kent niet al zijn ministers. Na zijn auto-ongeval kreeg hij bloemen van excellenties van over heel de wereld: Chirac, Poetin, Helmut... Lotti. Zelfs van gewone Belgen, deelde zijn woordvoerder mee. Dat bleek helemaal niet waar te zijn. Die gewone Belgen waren ministers, van wie zelfs Verhofstadt niet wist dat ze minister waren.

Het zou me niet verbazen als hij een kaartspel zou laten maken van alle mogelijke ministers, zoals het Amerikaans leger dat deed met de gezochte Irakezen en Afghanen. De ministerraad wordt dan gewoon een gezellige kaartavond om elkaar beter te leren kennen. En als ze een boom kaarten, dan doen ze meteen iets goeds voor het milieu.

Ik heb een suggestie voor een nieuwe indeling van de ministeries. Gebaseerd op de realiteit in plaats van op de traditie.
Ministerie van 'een beetje van alles'.
Ministerie van 'ik doe maar wat'.
Ministerie van 'ja maar ik doe dat ook!'
Ministerie van 'pfff'.
Ministerie van 'schouderophalen'.
Ministerie van 'om het even wat'.
Ministerie van 'onbenulligheden'.
Ministerie van 'dat kan ik niet zelf beslissen'.
En de premier is de minister van 'Zesmaandelijkse Herverdeling van de Portefeuilles'.

HET MINISTERIE VAN VERBOD

Geen alcoholreclame, want de jeugd is al strontzat.

Als Rudy Demotte ook maar iets kan verbieden zal hij het niet laten. Hij trok de aandacht met zijn verbod op het gebruik van wilde dieren in circussen. Het is mislukt, maar hij heeft toch zijn tanden laten zien.

Eindelijk was er eens een Waal die iets wilde doen voor de Vlamingen en het in een 'Ze zullen hem niet temmen'-Koninklijk Besluit goot. Was het weer niet goed.

De redenering van Rudy Demotte was dat kinderen een onnatuurlijk beeld kregen van die dieren. 'Dieren zijn in het echt totaal anders dan in een circus', stelde de man. Als je zo verder redeneert, moet je ook Kabouter Plop verbieden. Want kinderen krijgen daardoor een onnatuurlijk beeld van kabouters. Kabouters zijn in werkelijkheid veel kleiner.

En dan moet hij ook kinderliedjes gaan verbieden. ''k Zag twee beren broodjes smeren.' Beren doen dat niet in het echt. Of het moet een wonder zijn.
Ook 'Slaap kindje slaap' klopt niet. Want in dat liedje loopt een schaap met witte voetjes. Schapen hebben geen voetjes maar hoefjes. Als je een schaap ziet met witte voetjes heeft de Wellness-dierenarts een foutje gemaakt.

Geen kwaad woord over de nummers van K3, de veilige drievuldigheid. Die zingen tenminste zinvolle hedendaagse kinderliedjes. En je begrijpt waarover ze gaan.
In mijn jeugd moesten we liedjes leren waar we niets van snapten: ozewiezewoze? Waar gaat dat over?

Ook dat achterlijke 'handjesdraaien koekenbakken vlaaien' mag Demotte verbieden. Óf: 'We vlogen met een zucht, tot boven in de lucht'? In een land met zoveel nachtvluchten is die zucht vervangen door een hels lawaai. 'We zaten zo gezellig in ons huisje'? We konden niet slapen van DHL!

Alcoholreclame verbieden om de jeugd te beschermen, mij goed, maar dan ook dat intrieste liedje over dat naaiatelier voor kinderen met die pedofiele baas: 'Zakdoek leggen, niemand zeggen. Ik heb de hele dag gewerkt, twee paar schoenen heb ik afgewerkt...'

En het politiek incorrecte liedje over Rob V.: 'Hoor wie klopt daar kinderen? Hoor wie tikt daar zachtjes tegen ma? 't Is een vreemdeling zeker?'
Nee, het was een mandataris van 't Vlaams Belang!

Eigenlijk is er slechts één liedje dat de tand des tijds heeft doorstaan. Dat is het kinderliedje over het rampenplan: 'Daar vaart een man op zee, daar vaart een man op de mosselzee, van je rampenplan van je mosselman...'

Als we het over een onnatuurlijk beeld van dieren hebben, moeten er ook een aantal producten uit de winkelrekken worden gehaald: La Vache Qui Rit. Ik heb in het echt nog nooit een lachende koe gezien. En ik heb ook nog nooit een rode koe gezien. Een lila koe wel, maar geen rode.

Weet U waarom die rode koe van La Vache Qui Rit lacht? Omdat de rode stier van Red Bull langs geweest is!

MEDIABEESTEN

Eén van de meest krankzinnige berichten van het voorbije jaar is dat er een kat in geslaagd is in volle vlucht de cockpit van een toestel van SN Brussels binnen te dringen. Het vliegtuig heeft rechtsomkeer gemaakt omwille van een ontsnapte kat. Het beest mag blij zijn dat er geen rijkswachters met kussentjes aan boord zaten.

Als zoiets in het buitenland gebeurt, haalt men zijn schouders op en zegt men: 'Er zit een kat in de cockpit, niets aan de hand.' Bij ons neemt dat direct de proporties aan van een aanslag. 'Brussels, we have a problem: er is hier een kat die ermee dreigt het toestel te kapen.' Eén van de hostesses dacht dat Osama Bin Laden zijn kat had gestuurd. Ze had het beest op de staart getrapt en de kat riep: 'Al Qaaiiiiiiitda.'

Het valt me op dat er elke dag weer een ander beest in slaagt om het nieuws te halen. Dood of levend, het maakt niet uit. Dan weer is er een lynx opgemerkt in de Hoge Venen, dan is er een stel homofiele pinguïns ontdekt. Wat die beesten allemaal zouden doen om op tv te komen. Er is een vos van de vijfde etage gesprongen in Brussel nadat hij de lift tot daar had genomen.

Uit dezelfde stal kwam het bericht over Zorro. Die goudvis is uit 'Thuis' gestapt. Zijn bokaal was te klein. Speelt dat beest in een soap, wil het een grotere bokaal. Hij had nog even geklaagd bij de vakbond ABVV (Algemene Bond Voor Vissen) en het ACV (Associatie Claustrofobe Vissen) maar het mocht niet baden.
Wat is het volgende dat dat beest zal eisen? Een eigen talkshow? Het zou beter moeten weten, want zwijgen is goud.

In Arlon was er dan weer de wapiti. Een wapiti is een soort rendier van aan de poolcirkel. En in Arlon, zo zag ik tijdens het proces Dutroux, is er een café dat zo heet: Le Wapiti. Als er in Arlon een café is met die naam, dan moet er ooit in die buurt zo'n dier hebben rondgelopen. Misschien loopt het daar nu nog. Omdat ze het in Wallonië niet vinden, wil nog niet zeggen dat het er niet zit, natuurlijk.

Er zitten nog meer vreemde vogels langs de andere kant van de taalgrens. Zo is er in Wavre het pretpark Walibi. Het park heeft zijn oude naam van de kangoeroe teruggenomen nadat het een aantal jaar Six Flags had geheten. Ik heb het altijd een vreemde naam gevonden: de zes vlaggetjes. Van waar halen ze het? Die naamsverandering viel toevallig samen met de zaak Dutroux. Misschien verwezen die zes vlaggetjes wel naar de slachtoffers van Dutroux, en heeft men in Wallonië daarom een pretpark opgericht? In Vlaanderen hebben we het Witte Kinderbos, in Wallonië Six Flags.

In Antwerpen worden dan weer de spinnen in kaart gebracht. Patrick Janssens wil weten waar de mensen de kriebels van krijgen. Er is een wetenschapper, een spindoctor, die de spinnen telt en hun webdesign bestudeert. Hij concentreert zich op de openbare gebouwen, misschien om te zien waar gewerkt wordt of niet. Uit een onderzoek in Engeland blijkt dat mensen banger zijn voor spinnen dan voor terreuraanslagen. De Antwerpse onderzoeker werd om een reactie gevraagd en antwoordde: 'Ja, mensen zijn bang voor spinnen, maar eigenlijk doen die geen vlieg kwaad.'

SMS AAN NINA DE MAN

Nina, X-files. Zijn dat
files op de snelweg
met een enorme uit-
straling?
Geert.

Ok   Back

'Het beste wat je kan doen, is Antwerpen mijden'

*Antwerpen, 't Stad, het OCMW zit met een gat,
het verkeer op Leien en de Singel ligt plat.*

De criminaliteit in Antwerpen is zo sterk gedaald dat de Antwerpse politie haar wapens verkoopt. Ik weet niet wat in deze zin oorzaak en gevolg is, maar van een verandering gesproken! Het is maar hoe je tegen de problemen aan kijkt.

Vroeger was er altijd wel iets loos, nu is er een nieuwe politiek. Als er problemen zijn, zegt het stadsbestuur simpelweg: 'Zand erover'. Als je ziet hoe de straten erbij liggen, werkt die strategie wel. Zo kwam aan het licht dat het OCMW met een enorme put in de kas zat. Het was niemand opgevallen: Antwerpen zit vol putten.

Misschien moet Dyab Abou JahJah er zich maar eens mee bemoeien. Toen hij een paar jaar geleden een betoging aankondigde, werden op één nacht alle mogelijke putten in allerijl dicht geworpen, losliggende straatstenen werden gebetonneerd, de wiebelende kasseien vast geasfalteerd! Het was een hele poos geleden dat de straten er nog zo goed hadden bijgelegen.

Maar Abou JahJah lijkt wel van de aardbol verdwenen. Bij de verkiezingen heeft zijn partij vrijwel geen stemmen gehaald. Het was Abou Neh Neh. Naar verluidt is hij gehuwd en naar Brussel verhuisd. In Antwerpen doen ze er werkelijk alles aan om iedereen buiten te pesten. Er werd zelfs naar aanleiding van de werken openlijk campagne gevoerd met de slogan 'Het beste wat je kan doen, is Antwerpen mijden'...

Al 15 jaar roept een derde van de Antwerpenaars in het zog van Filip Dewinter dat alleen het eigen volk deugt, en dan is men verbaasd dat het andere volk niet meer over de vloer komt en dat de winkels moeten sluiten. Eigen schuld, dikke bult.

De mensen die bang zijn voor het Vlaams Belang zeggen dan altijd: 'Het Belang wil Vlaanderen ontoegankelijk maken en afsluiten voor buitenlanders.' Dewinter en co zullen nogal uit hun pijp moeten komen als ze ooit beter willen doen dan de Regie van Bruggen en Wegen. Die had botweg alle op- en afritten afgesloten! De enigen die de stad nog in geraakten waren de kerels van Cirque du Soleil. En dat zijn straffe acrobaten.

'Er waren nergens spookrijders', zei een politieman trots. Nee, natuurlijk niet: alle op- en afritten waren afgesloten. Als ze de ring autovrij maken, dan is het fileprobleem ook meteen opgelost!

In Griekenland heeft men in vier jaar tijd Athene volledig herbouwd voor de Olympische Spelen. Volgens de berichten zullen ze in Peking de olympische stad in twee jaar bouwen. In Antwerpen leggen ze één ring opnieuw aan en dat duurt tot 2010. Als 't Stad ooit de vijf olympische ringen wil binnenhalen, moet het mikken op de Spelen van 2080.

Voor de verdere afwerking van de Leien heeft het stadsbestuur een Spaanse architect uitgekozen. Toen ze hem vroegen wanneer de werken klaar zouden zijn, antwoordde hij: 'Mañana'. Ach, het is een typisch Antwerps trekje: als het fout loopt, kunnen ze het weer op de buitenlanders steken. Een Spaanse architect: in een album van Kuifje zou het als een belediging klinken.

Ik heb een uitstekend voorstel om de werken in Antwerpen vlotter te doen verlopen. Als je de morele drempel overschreden hebt dat je als overheid wapens verkoopt, is het toch maar een kleine stap om de in beslag genomen drugs in Antwerpen uit te delen aan de aannemers? In plaats van een bolleke Koninck, een bolleke coke. Een lijntje op de Leien. In plaats van een barbecue organiseer je voor de wegenwerkers iedere morgen om zeven uur een after-party. Een beetje XTC in de koffie en we zijn vertrokken. Bob de Bouwer op speed!

Er staat een fil' op de ring, TINGELINGELING, TINGELINGELING...

In het hele land liggen de straten open en zijn er werken aan de gang. Of wegwerkzaamheden, zoals het genoemd wordt. Hoewel er niets wordt weggewerkt. Er komen alleen maar werken bij. Je vraagt je wel eens af of er iemand is die al die werken coördineert? Wat moeten we ons daarbij voorstellen: een overheidsdienst vol ingenieurs met wegenkaarten of een stel Italiaanse koks in de weer met gekookte spaghetti? Je hoeft geen integratiecursus gevolgd te hebben om te beseffen dat men hoogstwaarschijnlijk heeft gezegd: 'Als we nu eens alle wegen tegelijk openleggen en dan kijken wat er gebeurt...'

Wegenwerken beginnen in België als volgt: midden in de nacht en mysterieuzer dan de Sint en de Kerstman samen, wandelt er een man naar het midden van de straat. Daar plaatst hij een knaloranje wegwijzer met daarop het woord 'wegomlegging'. Daar houdt het op. That's it. Basta. Er komt geen tweede wegwijzer.
Je mag al blij zijn dat die pijl na een briesje rechtop blijft staan.

Ik heb ermee leren leven, maar waar ik steeds weer verbaasd over ben, is dat er dan beweerd wordt dat alles onder controle is. Grote communicatiecampagnes slaan ons in het gezicht met boodschappen die ons duidelijk maken dat we het allemaal nog fijn vinden ook.

De eerste dag dat de Kennedytunnel werd afgesloten, riep men trots dat 'de chaos was uitgebleven'. Er stond een file vanaf Noorwegen, maar er was geen chaos. De wagens stonden netjes op een rij. Alle neuzen dezelfde kant op!

De enige kritiek kwam van de vervoerdersbond van de vracht-
wagenbestuurders, die vroegen om wegwijzers in verschil-
lende talen. Wegwijzers in vreemde talen? Was het nog niet
ingewikkeld genoeg soms? Files ontstaan omdat men stil
moet staan om de wegwijzers te lezen. Je moet hogere studies
gedaan hebben om die wegomleggingen te snappen! Begin er
maar aan met je cursus integratie-Vlaams: 'Om de weg-werk-
zaam-he-den ter hoogte van Sint-Job-In-'t-Goor te ontwijken,
moet je de Lief-kens-hoek-tun-nel nemen...'

Meertalige wegwijzers. Ik vind het toch jammer dat het er niet
van gekomen is. Hoe zouden ze Sint-Job-in-'t-Goor vertalen?
Saint-Travail-dans-la-Merde of St.- Job-in-da-Shit? De Boom-
sesteenweg verander je vlot in de Chaussée de l'Arbre, maar
hoe pak je de vertaling aan van het Klaverblad van Zwijnaarde?
Wordt dat 'La Feuille de Treffle de Cochonterre'?

Wat doen we met de Liefkenshoektunnel? Le Tunnel du Coin
des Petites Chéries?
Er is iets met die naam: Liefkenshoektunnel. Zit gewoon niet
lekker. Het klinkt als een ondergrondse ontmoetingsplaats
voor pedofielen. Dan vraagt men zich af hoe het komt dat er
geen gebruik van die tunnel wordt gemaakt...

Kenne die tunnel?

Tijdens de zomer heb ik een halve dag in de file gestaan voor de Kennedytunnel. Ik weet waarom ze die tunnel naar Kennedy hebben genoemd. Die man is in zijn auto gestorven!

Ik stond stil toen men die tunnel had afgesloten. Het is te zeggen, één pijp was afgesloten en de andere was verboden voor voertuigen die meer dan 2 meter breed waren. Ondanks alle borden en waarschuwingen werden de truckers door de politie massaal van de baan geplukt. De meest gehoorde uitvlucht was: 'Ik wist niet hoe breed mijn vrachtwagen was...' Maar wel met een bord met daarop 'De mijne is 17 meter lang' rondrijden.
Het was als in die oude grap van die vrachtwagenchauffeur die met een veel te hoge lading toch onder een viaduct door wilde rijden. Hij stopt, kijkt of er politie staat te controleren en denkt: 'Alles is veilig, er staan geen flikken, ik kan doorrijden...'

Onlangs hoorde ik dat men met vrachtwagens van 35 meter lang wil gaan experimenteren. Ik kijk er al naar uit. Die hebben niet voldoende aan een dodehoekspiegel of -camera, die moeten een dodehoekcinema monteren. Ter verdediging wordt gezegd: we kunnen dubbel zoveel ton vervoeren! Als ze met dezelfde truckers blijven rijden, is dat nog minder IQ per ton.

SMS AAN JACQUES ROGGE

Fred Deburghgraeve
brengt op 21 juni de
Olympische Vlam naar
Antwerpen. Als hij er
maar niet mee in het
water springt... Geert

Ok   Back

GEPAKT

Eén ding is zeker: als je ziet hoe sloom Johan Museeuw zich verdedigde na de aanvallen over zijn dopinggebruik, nam hij toen zeker geen stimulerende middelen meer. Indertijd was Museeuw na een aanrijding bijna dood, won dan weer een heleboel wedstrijden, en niemand die zich vragen stelde. Verhofstadt belandde na zijn ongeval en een simpele ribbreuk voorgoed in de lappenmand.

Niet dat er in de politiek niet gepakt wordt. Als we alle wetten ongeldig zouden verklaren die onder een of andere invloed tot stand zijn gekomen, dan kunnen we het land sluiten. Ik durf beweren dat je zelfs kunt zien wat werd gedronken bij het nemen van bepaalde maatregelen. Fiscale amnestie? Champagne. Superboetes? Alcoholvrij bier.

Laten we toch stoppen met dat gehuichel over doping. Die pillen en poeders zijn nog moeilijker te vinden dan massavernietigingswapens. Bovendien: die doping is een deel van de pret. Als het kriebelt, moet je sporten en als je wil winnen, moet je pakken.
Een beetje succesvol atleet zit driftiger aan de pillen dan Keith Richards ooit gedaan heeft!

De enige sporter die nooit pakte was Ivan Sonck, en we weten dus allemaal hoe je er dan gaat uitzien. Wielrenner Van Hooijdonck is gestopt omdat hij niet durfde pakken! Dan ben je toch geen echte kerel? Hij gaat de wielergeschiedenis in met een van de meest legendarische huilbuien. Geen wonder dat hij uiteindelijk bij de VLD is terechtgekomen...

Als er geen doping meer gebruikt wordt, dan rijden de coureurs twee keer zo langzaam. Dan duurt de Ronde van Frankrijk zes weken. Dan worden de huidige records in geen enkele

sport de komende 700 jaar meer verbroken. Boeiend. Dan is het weer zoals vroeger en word je olympisch kampioen na een week trainen. Waarmee moeten ze dan de sportuitzendingen op televisie vullen?

Sinds men in de vroegere communistische landen geen verplichte staatsdoping meer verstrekt, blijkt dat je daar mooie meisjes hebt, zonder baard, met slanke benen en echte borsten. Maar die doen niet meer aan sport, die gaan tennissen.

In Vlaanderen is de topsport in handen van Bert Anciaux. Een brave borst, die Bert, maar wat heeft die gast met sport? Als hij diagonaal een voetbalveld oversteekt, krijgt hij hartklachten. Bert verwart sport met volksdans.

Topsport is een gevecht op leven en dood. Niet alleen met de tegenstrevers, maar ook met je dealer, je verzorger, de sponsor, de pers, het publiek. Zo zit de sportwereld in elkaar, Bert. Het is een gevecht in de arena. Zegt de naam Dedecker je iets? Ga eens bij hem langs. De kleur van de gordel doet er niet toe, als je er maar af en toe onder bokst.

Bert denkt nog altijd dat voetbal oorlog is, maar het is al lang omgekeerd: oorlog is voetbal! Anciaux denkt dat de mensen harder gaan lopen als ze de Vlaamse Leeuw zouden mogen zingen bij de prijsuitreiking.

Sporten is gezond

Waar is de tijd dat sporters er nog gezond uitzagen? Die gezichten van die topsporters: ingevallen wangen, graatmager, opengesperde ogen... Als er bij valavond een topsporter op me af zou komen en zou vragen of ik wat kleingeld kan missen, zou ik denken dat hij aan de heroïne zit.

Maradona is de enige junk die verdikt. Hij snuift waarschijnlijk geen coke maar suiker. Daarom gaat hij zo graag naar Cuba.

Er werden sporen van cocaïne gevonden in de urine van Maradona. Hoe hard moet je snuiven eer dat goedje daar terechtkomt!? Veel ken ik er niet van, maar ik dacht altijd dat snuiven met je neus gebeurde. Ik ben beginnen te twijfelen. Marco Pantani, de Italiaanse wielrenner, had als bijnaam 'il elefantino': het olifantje. Ik dacht dat dat was omwille van zijn oren. Maar misschien kon hij wel kunstjes met zijn slurfje? Pantani is gestorven aan een overdosis cocaïne, zo stond het in de berichten. Is er eigenlijk ooit iemand gestorven aan een tekort aan cocaïne?

In het wielrennen zijn ze stilaan toe aan een trui met lijntjes. Voor wie het meeste snuift.

Tijdens de Ronde van Frankrijk werden bij de Belgische renner Christophe Brandt sporen van methadon gevonden. Hij werd niet geschorst. Terecht, want als je methadon neemt, probeer je van je dopingverslaving af te komen.

Dat je speed neemt om sneller te rijden, daar kan ik nog inkomen. Maar methadon? Het is nog even wachten en ze pakken de eerste Belgische renner op Rohypnol, die slapend op zijn fiets zit.

De reactie van Christophe Brandt was geld waard. Voor de micro's van de journalisten vertelde hij dat de schuld bij de apotheker lag omdat 'er methadon aan het stampertje was blijven hangen van diegene die voor hem kwam'. Ik vond het nogal een plastische uitdrukking. Als ik thuis zou zeggen dat er een beetje is blijven hangen aan het stampertje... dan zou ik uit huis worden gezet!

Zijn apotheker was dus nogal slordig omgesprongen met vijzel en stamper, maar het klonk alsof die jongen als een soort Kamiel Spiessens met kruiden uit eigen tuin in de weer was geweest.

Christophe Brandt. Ik had nog nooit van die jongen gehoord. Sommigen van die wielrenners hebben doping nodig om bekend te worden.

Ook Dave Bruylandts werd 'geflikt' door zijn 'soigneur'. Soigneur is Frans voor dealer. De voedingsspecialist van Dave Bruylandts had iets in zijn supplementen gedaan. Hij wilde de naam van zijn voedingsspecialist niet bekendmaken. Ik heb zo'n vermoeden wie het is: vetsmelter Verkest!

Bruylandts werd wel geschorst en dan vraag ik me af: als een wielrenner tijdens zijn schorsing doping gebruikt, gaat die tijd dan sneller voorbij?

ONWEERSTAANBARE DRANG

Dat het sterk achteruit gaat met de gezondheid van de sporters werd de voorbije jaren nog eens extra in de verf gezet door Lance Armstrong. Hoe gezond zijn z'n collega wielrenners als zelfs een kankerpatiënt de Ronde van Frankrijk kan winnen? Met de botte bijl kan je het rondeverslag samenvatten met de volgende zin: 'Kankerpatiënt haalt het van een groep verslaafden'.

Maar goed, koerspetje af voor Lance Armstrong. Hij is erin geslaagd om al voor de zesde keer op rij de Tour de France te winnen. En dat op één been... nou ja één bal. Want Lance had teelbalkanker en met wat er na zijn therapie allemaal weggehaald is, kan hij even goed meedoen aan de Paralympics.

Renners gooien net voor de eindspurt hun veldfles weg om grammen uit te sparen, dus zal zo'n bal meer of minder ook wel belangrijk zijn. Hij is gewoonweg aërodynamischer dan de andere renners. Het maakt wel een bal uit.

In zijn biografie schrijft Armstrong openhartig over zijn ziekte, anders had ik het nooit geweten. Je kan het er niet aan zien. Of horen, zoals bij Museeuw. Als je de stem van Johan hoort, zou je spontaan denken dat hij wel eens op de buis van zijn fiets terechtgekomen is.

Minister Bourgeois heeft Museeuw verboden om nog verder als commentator op tv bij te klussen. De reden was zijn dopingschorsing. Dat vond ik belachelijk. Hij had de Leeuw van Vlaanderen omwille van zijn opvallende stem moeten bannen. Verrassende beslissing toch van Bourgeois. Telkens als hij op televisie kwam de voorbije twintig jaar, stond hij te zingen van: 'Ze zullen hem niet temmen, de fiere Vlaamse

Leeuw'. En bij de eerste de beste gelegenheid legt hij de Leeuw het zwijgen op...

Museeuw werd vier jaar geschorst... na zijn carrière. Dat is hetzelfde als brugpensioen na je begrafenis. Dat is pesten na het werk. Eigenlijk zou men Johan Museeuw een standbeeld moeten geven. Want de laatste tijd sterven er zoveel renners dat we trots moeten zijn dat er nog eens een coureur levend zijn pensioen haalt.

Renners gokken er allemaal op dat ze niet betrapt zullen worden. Daarom zijn er ook allemaal van die veelzeggende sponsors: Lotto, Française des Jeux, Tiercé, Mr. Bookmaker. Er is zelfs een nieuwe wielerploeg met Davitamon en Lotto samen. 'Om te winnen moet je slikken.'

Als je de renners wil pakken, geef ze dan een boete omdat ze hun rommel altijd langs de openbare weg gooien en wildplassen. Het lijken wel truckers! In plaats van wielrenners te controleren zou men beter personeel inzetten om truckers uit hun bed te lichten en te testen op doping, drugs of alcohol. Het verkeer zou veiliger worden. Maar wielrenners? Of ze stoned zijn of zat, renners rijden met een fiets op een afgezette weg. Sommigen zelfs in het veld! Daar kan een blind paard geen schade aanrichten.

Het voorbije jaar zijn er in België een paar mensen vrijgesproken van moord op grond van 'onweerstaanbare drang'. Is doping ook niet zoiets? De onweerstaanbare drang om te winnen?

SMS AAN JOHAN MUSEEUW

Beste Johan, die berichten over doping moet je met een korrel zout nemen. Daarna doorspoelen met veel water. Geert.

Ok   Back

TENNIS-POPPEMIEKES

Van de twintig toptennisspeelsters lagen er dit jaar achttien in het ziekbed. Je moet concluderen dat sporten slechter is voor de gezondheid van de jeugd dan drugs gebruiken. Tennissters doen niet aan doping. Die pukkeltjes op hun gezicht zijn van de puberteit. Dat zijn dus geen extra hormonen, maar natuurlijke.

Justine Henin-Hardenne had klierkoorts. Of zoals dat in de volksmond genoemd wordt: *de kuskesziekte*. Ze heeft namelijk zoveel gewonnen en daardoor heeft ze zoveel moeten zoenen, dat ze er ziek van geworden is. Zes maanden was ze 'out'. Vervolgens ging ze lekker uitgerust naar de Olympische Spelen in Athene. Won ze het vrouwentennis. Moest ze weer beginnen zoenen en werd ze in hetzelfde bedje ziek. Dat is letterlijk de keerzijde van de gouden medaille. In plaats van dat zoenen zou ze beter neuzeke-neuzeke doen.

Als Justine een bal goed slaat, doet ze als een Amerikaanse soldaat die net een raket op een moskee heeft geschoten, maar dan zonder klank. Ze balt haar vuist en maakt een korte krachtige beweging vanuit de elleboog. Zo feliciteert ze zichzelf of spreekt ze zich moed in. Maar zonder klank dus. Hoezeer ze haar mond ook opentrekt: geen klank. Dat is geen klierkoorts maar tierkoorts.

Niet alleen Justine Henin maakt die beweging, je ziet het geballde vuistje meer en meer. Ook Kim Clijsters deed het. Toen ze nog speelde. Want Kim was een tijdje 'out' door een polsblessure. Misschien is die pols gekwetst geraakt door te veel dat vuistje te ballen? Hoewel het ook zou kunnen door met haar vader Lei te armworstelen.

Elke kenner heeft Kim de voorbije jaren gewaarschuwd voor de spagaat die ze soms trekt als ze nog een verloren bal wil halen. Er werden haar de meest vreselijk kwetsuren beloofd als ze zo door bleef gaan. Uiteindelijk was het een lullige pols-kwetsuur die haar de das om deed. Heeft Clijsters, de lieve schat, die polsblessure omdat ze zich na die spreidstand op haar hand opdrukt?

Weet je hoe ze die spagaat van Clijsters in het buitenland noemen? The Belgian open!

SMS AAN SADDAM HOESSEIN

Heb je al het resultaat van dat onderzoek van de tandarts?

Ok   Back

Als je haar maar goed zit

'De kop is eraf en dat is altijd goed!' Dat zei sportdirecteur Patrick Lefever op het journaal na de eerste ritoverwinning van Tom Boonen in de Tour. Ik was nog aan het bekomen van het bericht dat er in Irak twee Bulgaarse gijzelaars onthoofd werden. Dat was het andere – excusez le mot – hoofdpunt van datzelfde journaal.

Gelukkig krijgen we de onthoofdingen zelf niet te zien op de tv. Het zijn altijd een beetje dezelfde beelden. Je ziet een handjevol mannen en ze zijn hun gelijk aan het uitleggen, maar de onthoofding krijgen we niet voorgeschoteld. Dat is zoals de Olympische Spelen op Sporza. We kregen alles van ervoor en erna én uit het archief, én met gasten én commentatoren, maar de beelden zelf, die had de sportzender niet of maar half. Ik heb een slogan bedacht voor Sporza: 'Kijken is belangrijker dan iets zien.'

Weet je hoe het komt dat je die onthoofdingen niet te zien krijgt? Als de regisseur bij de opnames tegen de beul 'cut' roept, denkt de cameraman dat hij moet stoppen met filmen...

Ook al krijg je de vreselijkheden niet te zien, we krijgen heel wat voor de kiezen. Vroeger kon je nog zeggen: 'Het is maar film.' Maar het 'realitybloed' vloeit veel rijkelijker dan de ketchup. In de cinema doen ze er nu alles aan om romantische films met een happy end te tonen, want geen zinnig mens durft nog te dromen dat het goed komt in het echt.

Een avond gezellig thuis tv kijken zit er in elk geval niet meer in. Je valt van de ene liposuctie in de andere neuscorrectie. Tussen al dat bloed ben je al blij dat er reclameblokjes zitten

over de ideale wereld. Met gelukkig ook een paar goeie was-
producten om de vlekken te verwijderen.

Eén probeert het met feelgood. Op Eén zijn ze al tevreden als
'je haar maar goed zit'. Toch kan dat nog tegenvallen. Want
het amusement van de nationale omroep wordt ook in prime
time onderbroken met 'En dan gaan we nu kijken naar een
reportage over de onthoofdingen in Irak in het programma...
Koppen'. Een vrolijke titel voor een programma op een familiezender.

Bovendien wordt dat programma nog eens gepresenteerd
door een journalist met de ongelukkige naam Wim Devil-
der. Het is mij opgevallen dat de VRT-journalisten allemaal
namen hebben die niet zouden misstaan voor beulen in foute
films uit de jaren zestig. Hellemans, Tanghe, Ivan De Vadder,
Siegfried Bracke en Phara de Aguirre. Al zolang ik haar ken
ben ik een grote fan van Phara de Aguirre. Die vrouw is er in
geslaagd om van pesten op het werk haar beroep te maken.
Een ronduit glanzende carrière.

Bij VTM zijn de journalisten veeleer mannequins. Ze worden
ook, zoals de modellen, met hun voornaam aangesproken:
Dany, Stef, Birgit, Lynn...

Kijk papa, zonder... hoofd

Onthoofdingen op tv. Het klinkt als een botsing tussen twee tijdperken. Tenzij men het in Irak ziet als een lokale versie van Extreme Make-Over.

Dan gaan ze als barbaren te keer met een mes, maar ze nemen het wel op met een digitale camera. Daarmee heb je de kritiek dat je nog in de Middeleeuwen zou leven meteen weerlegd. Als je hoofden afhakt, snap ik wel dat je een gedwongen huwelijk niet bijzonder erg vindt.

Vorig jaar heette het nog dat er in Irak geen grotere vernedering bestond dan iemand met zijn pantoffels in het gezicht slaan. Toch liever met een paar flip-flops impotent geslagen worden dan mijn hele kop eraf hoor, want als vernedering kan dat wel tellen.

De Amerikanen beweerden dat die Irakezen massavernietigingswapens hadden. Blijken het broodmessen te zijn! In Irak kun je inmiddels 'over de koppen lopen'. Ik begrijp achteraf wel waarom ze Saddam Hoessein altijd zo toejuichten. In vergelijking met het schorremorrie dat daar nu rondloopt, waren die vreselijkheden van Saddam gezellige wijkbarbecues.

De eerste keer dat ik beelden zag van zo'n gijzeling in Irak, was ik verstrooid. Ik was met andere zaken bezig en zag vanuit een ooghoek een man of vier met een zwarte zak over hun hoofd. Dus dacht ik: 'Straks komt Walter Grootaers met een opdracht. Fear Factor! Plezant!' Wat een vergissing...

Weet je waarom die gijzelnemers die zwarte zakken over hun hoofd trekken? Om geen enge rode oogjes op de foto te hebben. Dat vinden ze griezelig...

Dat je een zak over je hoofd trekt als je niet herkend wilt worden, kan ik nog volgen, maar de Amerikaanse soldaten in de Abu Graib-gevangenis trokken een zwarte zak over het hoofd van hun slachtoffers! Die foto's vanuit die gevangenis zal ik voor de rest van mijn leven niet meer vergeten. Het beeld dat me meest is bijgebleven is dat van die naakte gevangene met die bijtende hond vlak voor zijn gezicht, op de voorpagina van De Morgen. 'De Morgen, Gebeten om te weten.'

Tussen die Amerikaanse cipiers zat ook zo'n klein martelend vrouwtje, een Vera Dua-achtig, klein soldaatje. Ze poseerde met een blik in haar ogen van 'Kijk, een massavernietigings-wapen' terwijl ze wees naar de penis van een gevangene. Het was veeleer: 'Kijk eens naar het vogeltje!'

Het viel me op dat men op de foto's de geslachtsdelen van de gevangenen had weggecensureerd. Een penis vindt men aanstootgevend. Martelen en vernederen, ach, dat mag getoond worden...

SMS AAN GEORGE BUSH

George W., er is maar
één manier om te
weten te komen wie
de opdracht gaf tot
folterpraktijken in de
Irakese gevangenissen
en dat is Rumsfeld ste-
vig verhoren. Geert J.

Ok   Back

BLACK MAGIC

Als je ziet wat buitenlandse militairen allemaal hebben uitgespookt in Irak, mogen we blij zijn dat 'onze jongens' daar niet naartoe werden gestuurd. Hoewel het niet zou hebben uitgemaakt. Belgische militairen in het buitenland zijn meestal te dronken om te martelen. Heel verstandig van Flahaut om geen militairen meer naar het buitenland te laten vertrekken. Maar hoe haalt die man het in zijn hoofd om ze hier nu cursussen te laten geven aan Kongolese militairen? Wat kunnen wij hen in vredesnaam leren? Wanneer heeft ons leger nog eens een match gewonnen?

Tijdens de zomer werden tweehonderd Kongolezen naar hier gehaald en opgeleid om de problemen op te lossen in Oost-Kongo. Omdat het menens was, gebeurde dit in Kamp Elsenborn, in Oost-België.

Het ging dus om Kongolese officieren. Dat zijn jonge mannen die 's nachts in een oerwoud nog een spoor van een junglemuis kunnen volgen. Na één maand training in België vonden die officieren de weg niet meer terug naar de kazerne.

Van de ene dag op de andere waren er zestien officieren verdwenen. Zomaar. Van black magic gesproken! De grote verdwijntruc. David Copperfield heeft met minder poeha het nieuws gehaald.

Een legertje van zestien goed opgeleide officieren uit de ex-kolonie, die rondlopen in het oude moederland, waarvan de minister van buitenlandse zaken blijft beweren dat hun bazen maar een stel stumpers zijn... Als dat in een ander land gebeurt, zijn er ernstige redenen om te vrezen voor een aanslag. Bij ons is het een vrolijk faits divers.

Geen verhoogde staat van paraatheid. Er wordt eens gelachen met die évoluees: 'Als ze niet opduiken in de asielcentra, dan voetballen ze volgend jaar wel bij SK Beveren.'

Nog één opmerking. In de krant stond dat de Kongolezen ontsnapt waren uit hun kazerne. Laat mij dat eens duidelijk zeggen: men ontsnapt niet uit een kazerne, men wandelt gewoon naar buiten. Ontsnappen doe je uit een gevangenis. Althans in het buitenland, want bij ons wandel je ook daar gewoon naar buiten. Je vraagt je soms af of die geruchten over overvolle gevangenissen wel kloppen.

Marc vindt 's morgens een sleutel

Dag vaatje met het zout op het schap naast de bloem
                                                    ploem ploem
Dag stoel naast de tafel
Dag koffie naast de zet
Dag sleutelke in het vaatje
        en
Dag sleutelke in het zout
        zout en vaatje
        van het sleutelke goeiendag

Daa-ag zout
Dag zoutvaatje
Dag klein sleutelkijn mijn.

(Arlon 2004)

Sleuteltje in de cel

Acht jaar hadden we op het proces Dutroux moeten wachten. De hele omgeving rond het justitiepaleis werd bewaakt en afgezet. Het leek wel of men dacht dat er in dat netwerk van Dutroux een bende Tsjetsjeense rebellen zat. Bij de bestorming van het schooltje in Beslan hadden die zich ook als grote kindervrienden aan de wereld voorgesteld.

Er waren meer veiligheidsmaatregelen genomen dan bij het terrorismeproces met leden van Al Qaeda. Rupsvoertuigen, tanks, dranghekken, zwaar bewapende agenten en zelfs rijkswachters te paard, voor het geval Dutroux weer in de bossen zou vluchten.

Om zeker te zijn dat Dutroux niet zou kunnen ontsnappen, werd een speciale celwagen gebouwd. De eerste keer dat Dutroux ermee naar het justitiepaleis werd vervoerd in het zicht van de camera's van de hele wereld... vloog de achterdeur open. Je voelt je als Belg dan toch tot op het bot vernederd...

Naar de oorzaak van deze blunder werd onmiddellijk 'een intern onderzoek gestart'. Je moet er eens op letten; als men zegt dat er 'een intern onderzoek is gestart', wil dat zeggen: 'We hebben ons ongelofelijk belachelijk gemaakt, maar we gaan het nooit toegeven.'
Zo'n onderzoek lijkt me anders vrij eenvoudig:
'Jongens, hoe komt het dat die deur niet dicht was?'
'Dat moet je aan Dutroux vragen, hij is daar ingestapt.'

Ik heb mijn eigen theorie over hoe het mis is gegaan met die achterdeur. Ik vermoed dat de monteurs het kinderslot van de deur hadden gehaald om zeker te zijn dat Dutroux er geen rotzooi mee zou uithalen.

Toch scheelt er iets met die celwagens en de combi's van onze federale politie. Met de regelmaat van een klok valt weer eens iemand uit een opengewaaide deur. In Asse ontsnapten twee mensensmokkelaars uit een celwagen terwijl die werd bewaakt door negen agenten. Negen agenten! Je kan toch moeilijk meer blauw op straat wensen?

De politie moet niet alleen dieven pakken, ze moet ze ook vasthouden. Als je het mij vraagt werken er bij de federale politie te veel sportvissers. Dat is toch wat de leden van een hengelclub doen: na een dagje vissen alles terug in het water werpen?

Die achterdeur was de druppel die de emmer deed overlopen. Vanaf dat moment zou men alles dubbel en dik en extra controleren. Zo werd na een paar weken een scheermesje gevonden in diezelfde celwagen. De trotse koppen glommen! Maar wat kon Dutroux beginnen met een scheermesje tegen 30 gewapende agenten?
Ik hoor hem al: 'Scheer u weg!' Het zou waarschijnlijk nog indruk maken op die ex-rijkswachters ook. Die zijn zuinig op hun snorren.

Ik heb nog nooit iemand een autodeur weten openen met een scheermesje.

Het feit dat het om één mesje ging maakte op mij meer indruk dan het feit dat men het gevonden had in de celwagen. Want waar vind je nog één scheermesje? Alleen in Arlon. Als je nu naar de winkel gaat om scheermesjes moet je kiezen tussen de Gilette Mach 3 turbo en de Wilkinson quatro! Vier mesjes voor één baardhaartje! Is dat niet wat veel? Ik wil niet moeilijk doen... maar 's anderendaags staat die baard er weer!

Speurders in de gevangenis in Arlon vonden naast dat scheermesje ook sleutels van handboeien. In een pak zout, zo werd

beweerd. Ze deden alsof ze een naald in een hooiberg hadden gevonden, terwijl ik veeleer denk dat het een cipier was die een beetje zout op zijn zachtgekookt eitje wilde en merkte dat er iets niet klopte. Twee dagen hebben ze onderzoek gedaan om te weten of het sleuteltje dat gevonden werd, paste op de boeien van Dutroux. Het resultaat werd nooit bekend gemaakt.

Natuurlijk niet. Ik blijf het hele verhaal van het sleuteltje in het zout afdoen als een vertaalfout. Een of ander kerel had een sleuteltje gevonden in de 'sel'. Nou, dan weet je het verder wel.

Oef!

Ik ben blij dat het proces Dutroux achter de rug is. Dutroux liep de voorbije jaren door de actualiteit en dus ook mijn conferences. Het was meestal balanceren tussen wat kon en wat niet. Acht jaar lang is me opgevallen hoe een crimineel meer invloed heeft op het denken en doen van een land dan een koning of een filosoof. Maar elke avond voelde ik aan de reacties in het veilige theater dat het goed doet om eens hardop te lachen met de monsters van de buitenwereld. Weglachen.

Ik ben blij dat het proces Dutroux achter de rug is. Omdat ik zag dat Sabine en Laetitia krachtige jonge vrouwen geworden zijn, die hard van zich afbijten. Ik had er lang geen goed oog in. In de kranten nam ik vrede met de koppen en liet ik de details voor andere geïnteresseerden.

Ik ben blij dat het proces Dutroux achter de rug is. Ik heb Laetitia eens ontmoet. Voor een persfoto van mijn nieuw theaterprogramma had ik een bijl nodig. Ik was aan het schrijven in de Ardennen en liep een winkel binnen in Recogne. Met de grootste bijl stapte ik naar de kassa, maakte een paar grappen tegen de schuchtere caissière en verdween. Een paar dagen later zapte ik langs een programma op de Nederlandse televisie. Ik zag beelden van Neufchateau, Bertrix en Libramont en, opeens ook, die caissière.

Ik ben blij dat het proces Dutroux achter de rug is. Want ik heb nog met een bijl in mijn handen oog in oog gestaan met Laetitia.

De banden van Dutroux

Het proces Dutroux viel tegen. Er kwam helemaal geen briljant betoog van weken zoals werd voorspeld door de kenners. Integendeel, het was zo saai dat zelfs Dutroux in slaap viel. Op de eerste dag verschool hij zich eerst nog wat achter een bruine omslag, maar uiteindelijk dommelde hij in. Iemand had waarschijnlijk iets in zijn voedingssupplementen gedaan of er was Rohypnol aan het stampertje blijven plakken...

Na afloop bleek de publieke opinie tevreden. Ik denk dat men veeleer content was dat het voorbij was, dan met de gerechtelijke uitspraak. Want het arrest van het Hof van Assisen deed mij achter mijn oren krabben. Dutroux kreeg 'levenslang'. Dat was duidelijke taal. Daarna werd het arrest ingewikkelder. Na zijn gevangenisstraf zou Dutroux ter beschikking van de regering worden gesteld. Wat bedoelden ze daarmee? Wat zou de regering ooit nog voor Dutroux kunnen verzinnen? Als men nog geen job gevonden heeft voor Hugo Coveliers...

Zeg nu zelf: wat kan je met Dutroux aanvangen? Het enige haalbare lijkt me iets in het kader tegen de vergrijzing. Er is ook een groot tekort aan donororganen. Maar wie zou er het hart van Dutroux willen?

Al even vreemd vond ik de schadevergoeding die Dutroux moet betalen. Volgens het arrest krijgt Laetitia Delhez € 300.000 en Sabine Dardenne € 600.000. Je vraagt je toch af hoe die raadsheren dat beslissen. Gaan ze te werk zoals bij de wijn? Hoe langer in de kelder, hoe meer het kost?

Bon, het proces is achter de rug, Cassatie heeft het bestaande arrest niet verbroken en er komt geen tweede proces. Of daarmee alle vragen beantwoord zijn, kunnen we moeilijk zeggen. Want persoonlijk had ik toch wel eens willen weten of

bijvoorbeeld die auto van Nihoul eigenlijk ooit gerepareerd werd? Want daar was het allemaal begonnen: Dutroux zou de auto van Nihoul herstellen. Onmiddellijk daarna hebben allerlei geruchten de kop opgestoken. Geruchten over netwerken en banden. Zoals het er nu uitziet zijn de enige banden die Dutroux en Nihoul hadden autobanden. Tweedehandse!

Omdat het over Michelle Martin, Michel Lelièvre én Michel Nihoul ging, zou het me niet verwonderen dat het ook Michelinbanden zouden geweest zijn. In het begin was er nog sprake van banden met de koninklijke familie, maar er is nooit een Uniroyalband gevonden.

Dutroux Turbo

Net zoals Marc Dutroux was ook Fourniret in zelfstandig bijberoep handelaar in tweedehands auto's. Waar is de goede oude tijd toen die garagisten alleen maar prutsten aan de kilometerteller?

Ik hoor ze al met hun occasiehandeltaaltje: 'Deze is van een heel oud vrouwtje dat bijna nooit gereden heeft.' En het kreeg tot voor kort bezoek van een heel jong meisje.

Voor zover het mogelijk is, moet ik uit de eerste berichten distilleren dat Fourniret nog heel wat erger was dan Dutroux: Fourniret, dat is Dutroux Turbo!

Fourniret was al een hele tijd bezig toen Dutroux aan zijn activiteiten begon. Strikt genomen moet hij Dutroux als een concurrent gezien hebben. Zou Dutroux Fourniret een smeerlap gevonden hebben of zei hij: 'Ha, dat kan ik beter.' Of vond hij Fourniret een ordinaire buitenlander die zijn werk afpakte?

In de zaak Fourniret zijn de speurders nog altijd op zoek naar een au pair meisje dat hij vermoord heeft of zou hebben. Probleem is dat er niemand als vermist werd opgegeven en dat er ook geen lijk werd gevonden. Ik hoop dat het om een taalfout gaat. We zijn zo gewoon in ons land dat de kinderen per paar verdwijnen en dat men waarschijnlijk denkt dat dat 'au pair' is.

De vreemde kronkel in het verhaal van Fourniret is dat hij, eens uit de gevangenis cash een kasteel kocht en van daaruit een handel in autowrakken begon. Zonder dat ook maar iemand zich bij die combinatie van handelingen vragen stelde. Een paar jaar later dook hij als ex-gevangene op als conciërge van een schooltje: niemand die dat verdacht vond.

Zelfs Pieter Aspe zou dit niet kunnen verzinnen als basis van een thriller.

Fourniret was aan het geld gekomen omdat hij van een celgenoot te weten kwam waar de buit van een terreurorganisatie verborgen was. Hij is een beter ondervrager dan de Amerikaanse militairen in Irak! In afwachting van zijn proces zou ik Fourniret een tijdje in Guantanamo opsluiten. Dan weten we binnen de kortste keren waar de centen van Bin Laden zijn... of Bin Laden zelf!

Want Osama Bin Laden heeft vijf vrouwen en veertig kinderen! Dat moet Fourniret toch wel een tijdje kunnen boeien?

BANDEN MET BIN

Na drie jaar speuren, weet men nog altijd niet waar Osama Bin Laden zit, hangt, ligt of zweeft. Die kerel is 1,95 meter groot, heeft vijf vrouwen en veertig kinderen en men weet niet waar hij verblijft. Als er een man met zo'n gezin naast de deur komt wonen, moet dat toch opvallen? Is er dan niemand in de wereld, bij wie er een licht opgaat? 'Die zijn met veel!' Of: 'Ken ik die niet van tv?'

Osama zou suikerziekte hebben en een nier die niet werkt. De dorpsapotheker moet dat nu toch wel doorhebben? Tenzij Bin Laden zijn pillen bestelt via het internet. Maar dan moet de installateur van Telenet Afghanistan hem toch wel herkend hebben?
'Wat gaan we nemen als e-mailadres? Osama punt Bin punt Laden at Al Qaeda punt org?' Ik vermoed dat het zoiets moet zijn. Eerder dan Osama at Yahoo punt com.

Zou er bij de chauffeur van DHL die de pakjes bezorgt, geen belletje rinkelen als hij zegt: 'Wilt u hier eens tekenen mijnheer? Waar er Osama Bin Laden staat...'

Bin Laden zelf moet toch opvallen? Hij is bijna twee meter groot. Misschien was hij de reus van de Bende van Nijvel. Op basis van de robotfoto's die over de reus zijn verspreid, zit ik er niet ver naast. En het is toch een beetje dezelfde tactiek: in het wilde weg moorden.

Na 20 jaar zoeken hebben speurders onlangs een stuk bos afgegraven van zes hectare. Onder de grond vond men de jas van de reus van de Bende van Nijvel. En raad eens: hij zat er niet meer in.

Ik blijf het een vreemde gedachte vinden. Die reus, zo beweert men, was gevlucht met drie mannen in een VW Golf. Drie man en één reus, in een Golfke. Ik zie ze al zitten, dubbel geplooid... en zonder gordel... Ze riskeren nog een boete ook.

Zou de Bende van Nijvel nu aan het werk zijn, dan zou je in de kranten kunnen lezen dat er banden zijn met Al Qaeda. Telkens als er weer een aanslag plaatsvindt, zegt men dat de daders banden hebben met Al Qaeda! Zelfs van de eerste de beste boer met een uzi op een ezel of een mobilette in Oezbekistan wordt al meteen beweerd dat 'hij banden zou hebben met Osama Bin Laden'. Hoe doet zo'n boer dat? Verschijnen er op Al Jazeera 's nachts commercials van Osama: 'Bel me, nu!' of 'Voor een tipje van de sluier: stuur een SMS met Osama naar 1109'?

Het blijft voor mij een raadsel hoe de eerste de beste knul die zelfmoord wil plegen banden zou hebben met Al Qaeda en alle veiligheidsdiensten van de hele wereld er maar niet in slagen Osama te vinden... Kan iemand me dat eens uitleggen?

Ook Basajev had zogezegd contacten met Al Qaeda. Basajev is die gek die de opdracht gaf het schooltje in Beslan op te blazen. Basajev is die Tsjetsjeense krijgsheer met de kale kop en de grote baard. Als je hem één keer gezien hebt, vergeet je dat hoofd nooit meer. En toch weet men niet waar hij zit. Ik wel! Ik heb hem onlangs nog gezien in Antwerpen, hij heeft er een winkel en werd aangesproken met 'Walter Van Beirendonck'.

OVER OUDE MANNEN EN DE DINGEN DIE VOORBIJ GAAN

De vorige paus is nog een laatste keer naar Lourdes geweest. Niks vreemds aan: alle beetjes helpen...
Zijn medewerkers zullen gedacht hebben: 'Wordt het niet stilaan tijd dat we hem eens naar Lourdes sturen voor een groot onderhoud?'

Kort na zijn bezoek aan de grot heeft Johannes Paulus II een Ferrari gekregen. Het is duidelijk waarvoor hij gebeden had in het bedevaartsoord. Hij rijdt naar Lourdes met zijn pausmobiel en keert terug met een Ferrari. Dat noem ik een mirakel!

De paus heeft wel een aantal illustere oude en ontrefbare mannen overleefd: prins Bernhard, Raymond Goethals, Yasser Arafat. Aan de paus te zien kan je maar beter naar Lourdes gaan dan naar Parijs.

Yasser Arafat is gestorven in Parijs. Dan heeft hij tientallen jaren de hel van Ramallah, het Israëlische leger én de Mossad overleefd, komt hij één weekje naar Parijs en sterft hij. In het beste ziekenhuis van de wereld nog wel. Hij had er eerst nog een weekje in 'een omkeerbare coma' gelegen. Wat dat ook moge zijn. Als je coma omkeert, krijg je amoc.

Het laatste beeld dat we van Arafat hebben, is dat waarin hij in of uit een helikopter stapte. In plaats van zijn traditionele Palestijnse sjaal droeg hij een warme gebreide muts op zijn hoofd. Zo te zien hield hij zich in Frankrijk strikt aan het verbod op hoofddoekjes.

Hij droeg geen uniform meer, maar een goeie ouderwetse kamerjas. Het terrorisme zou een totaal ander gezicht krijgen, als die bejaarde bendeleiders of krijgsheren met een muts en een peignoir zouden rondlopen.

Bovendien zou niemand die verwarde geesten nog ernstig nemen. 'Hij heeft het oud zot', zou men zeggen en eens vriendelijk lachen naar den bompa. Nu denkt men dat die mannetjes ook wijs zijn, maar niets is minder waar. Het gedachtegoed beperkt zich zo langzamerhand tot het geven van een opdracht tot zelfmoord. Het zijn vrijwel uitsluitend jongeren die zichzelf opblazen en luisteren naar bevelen van stokoude mannen, die zelf maar niet dood willen gaan. De derde leeftijd gunt de aanhang nog geen eerste leeftijd.

Ondanks hun prehistorische principes gebruiken die bejaarde bendeleiders wel de modernste middelen om de boel op te blazen. Ze geven instructies aan hun kinder- en tienerleger door via gsm.

Had de paus ook een gsm of alleen de trilfunctie?

GOD ZIET U!

Zouden er in het vliegtuig van de paus hostesses zitten of zijn dat een paar stevige nonnen? Als men in het Vaticaan het celibaat ernstig neemt, zouden ze toch uitsluitend met Virgin mogen vliegen...

Niet dat er aan boord van het pauselijk vliegtuig, zoals in de nieuwe transatlantische toestellen van Virgin, ooit tweepersoonsbedden zullen komen. Hoewel ik in Vaticaanstad eens een verhuisploeg in de weer zag met een tweepersoonsbed. Jaren heb ik dat vreemd gevonden. Nu niet meer. Na al die vreemde verhalen over priesters ben ik al blij dat het geen kinderbedjes waren.

Wat ik me weleens afvraag is of er, voor het opstijgen van het pauselijk vliegtuig, tijd uitgetrokken wordt voor de veiligheidsprocedures. Of bidden ze gewoon een 'Onze Vader' en een 'Wees Gegroet'? En zit er in 'de zetel voor u' geen plattegrond van het vliegtuig en een glossy, maar een nieuwe bijbel?

Zou een paus vliegangst hebben? Ik denk veeleer het omgekeerde, want als er iets misgaat met het vliegtuig, zijn de engeltjes met één vleugelslagje ter plaatse. Hoe hoger de paus vliegt, hoe dichter hij bij de hemel is.

Op een vliegtuig heb ik ooit het fysieke bewijs gekregen dat er een hemel bestaat. In het vliegtuig zijn de wc-raampjes geblindeerd. Dus is er een hemel, want anders kunnen ze van in de hemel zo binnenkijken, met dat gat in de ozonlaag is er geen enkele bescherming meer...

Ik vind dat ze wel ver gaan in de veiligheid in de lucht. Die veiligheidsprocedures in en om de luchthavens beginnen bela-

chelijk te worden. Sommige mensen moeten hun schoenen uittrekken. Wat wil men hiermee voorkomen: een chemische aanval met zweetvoeten?

Een van de veiligheidsagenten vroeg me eens op een vlucht naar Amerika: 'Heeft u uw koffer de hele tijd bij u gehad?' Wat kan je daar in alle oprechtheid op antwoorden? 'Nee, mijn koffer heeft de voorbije elf maanden in de kelder gestaan.'

Men stelt je tegenwoordig op de vliegvelden de meest wereldvreemde vragen. 'Heeft u zelf uw koffers gepakt?' Ik heb iedere keer voor ik op reis vertrek wel iemand in mijn buurt die grappig uit de hoek wil komen en vraagt of hij mijn koffer mag dragen, maar nog nooit heeft iemand gezegd dat hij mijn koffers wilde pakken.

Hoe zouden ze bij de security reageren, als je zou zuchten: 'Nee, Osama Bin Laden. Hij stond opeens aan mijn voordeur met zijn vijf vrouwen en veertig kinderen en hij vroeg me of hij mijn koffers mocht pakken. Hij heeft nog een pakje meegegeven voor aan boord ook.'

Van de prins geen kwaad

Zou een koning ook gescreend worden voor hij op het vliegtuig stapt? Ik ben er zeker van dat de security wel een oogje dichtknijpt als Albert in aantocht is. Anders zou hij altijd gecontroleerd worden: 'Die man ziet er zo zenuwachtig uit, haal hem 's uit de rij!'

Het is maar goed dat onze koninklijke familie een voorkeursbehandeling krijgt in de luchthaven. Het schijnt dat prins Filip, toen hij met Mathilde onder een andere naam op huwelijksreis vertrok, problemen had in Zaventem bij de check-in. Filip kreeg een instapkaart, maar weigerde te vertrekken omdat hij geen uitstapkaart kreeg.

Louis Van Raak, de Story-journalist die prins Filip in China zijn Vlaams Belang-uitspraken ontlokte, verklapte mij nog een geheim. Tijdens een internationale missie werd de prins uitgenodigd voor een groot galadiner. Toen het academisch kwartiertje – de prins is immers doctor aan de Leuvense universiteit – een royaal uur werd, vertrouwde men het niet meer. De veiligheidsagenten spoedden zich naar zijn hotelkamer. Ze klopten aan en Filip, met strik en smoking, opende de deur met een 'enfin'! Hij had zijn kamer niet durven verlaten omdat er aan de binnenkant van de hotelkamerdeur aan de klink een bordje hing met 'do not disturb'...

Wie beslist nooit last heeft van controles in Zaventem, is koningin Fabiola. Als er één iemand boven alle verdenking van moslimterrorisme staat... Nee, Fabiola kan zonder probleem haar Zwitsers zakmes in haar Louis Vuitton laten zitten. Als ze zou willen, dan smokkelde ze zelfs moeiteloos een kurkentrekker aan boord.

Ik heb bij een controle van mijn handbagage eens een kurken-trekker moeten afgeven. Volgens het protocol is een kurken-trekker gevaarlijk. Diegene die dat bedacht heeft, moet met een enorme kater op zijn werk verschenen zijn die morgen. Een kurkentrekker is niet verdacht. Een moslim met een kur-kentrekker, dat is verdacht. Even verdacht als een priester op reis met een kind. Want moslims drinken geen alcohol.

Katholieke priesters zou men echter moeten verplichten om met een kurkentrekker rond te lopen. Die hebben de wijn nodig voor de eredienst. Want wijn, dat is het bloed van Jezus Christus.

Voor niet gelovigen moet dat een bezopen verhaal zijn. 'Hoe-veel moet die man gedronken hebben op dat laatste avond-maal, als zijn bloed hetzelfde promille had als wijn?' Als je het zo ziet, is het logisch dat Christus niet onmiddellijk na dat laatste avondmaal vertrokken is. Ik vermoed dat zijn rijbewijs werd ingetrokken.

Ik hoor hem al bij het begin van dat afscheidsfeestje op witte donderdag: 'Wie is hier apostel Bob?'

Er is een nieuwe eigentijdse bijbelvertaling verschenen. De vorige dateerde van 1951. Die was nog gemaakt met Windows 2.0. Dat was nog glas in lood! De nieuwe bijbelversie is veel sneller en met meer geheugen. Voor deze vertaling hebben Vlamingen en Nederlanders samengewerkt. Ze is naar ver-luid ' keileuk!' En Jezus komt er uit als een 'coole gozer met een lekker kontje'.

Ik heb de nieuwe bijbel nog niet gekocht. Ik zou niet weten waar je dat boek moet zoeken in een boekhandel. Bij fictie of non fictie? Of bij de hobbyboeken?

Eigenlijk zit ik te wachten tot je de nieuwe bijbel bij elkaar kunt sparen met *bonnekes* of zegeltjes die je uit de krant moet knippen. Dat lijkt mij een goeie spaaractie voor Kerk en Leven. Of zou Het Laatste Nieuws ons verrassen met een nieuwe reeks? 'Spaar nu voor het Oude Testament en *the sequel*, het Nieuwe Testament, en ontvang een dvd met exclusieve beelden van *the making of.'*

In welke mate zouden de teksten gemoderniseerd zijn? Slaat Kaïn Abel niet dood met een been, maar met een baseballknuppel? Vallen de muren van Jericho niet zomaar, maar worden ze door tanks opgeblazen? Wordt de zondvloed gewoon veroorzaakt door de opwarming van de aarde?

Het zou slim zijn als de vertalers, zoals de scenaristen in Thuis of Familie, elke aflevering zouden laten eindigen met een spanningsmoment. Ik hoor de priester al met de beide armen naast zich uitgestrekt: 'En hij stapte naar de lamme en sprak: sta op en wandel'. En dat er dan een jingle weerklinkt van op het kerkorgel en dat de koster iets zingt als: 'Het vervolg hoor je volgende week in deze kerk.' En dat er bij elke vroegmis een trailer loopt: 'Aanstaande zondag in deze kerk: Alle hotels zitten vol, net nu ieder moment die kleine kan geboren worden.'

Ik heb het altijd onverantwoord gevonden dat Maria en Jozef nog op zoek gingen naar een herberg, toen ze zwanger was. En dan nog op een ezel. Nu zouden er waarschuwingen verschijnen: 'Zwangere vrouwen wordt afgeraden zich per ezel te verplaatsen.'

Zou Christus, in een moderne bijbelversie, in plaats van mirakels ook borstvergrotingen doen? En wordt de barmhartige Samaritaan vervangen door iemand die bij Touring werkt?

In de bestseller 'De Da Vinci Code' gaat het over het laatste avondmaal en dat Christus er naast zijn vrouw aan tafel zat. Als het laatste avondmaal nu zou worden overgedaan in België, zou het er totaal anders uitzien. 'Laat ons bellen voor wat pizza's, dan kunnen we kijken naar de dvd van de Messias'. Misschien zouden ze met zijn twaalven een pak frieten gaan halen. Het zou toch anders klinken: de parabel van de vijf zakken friet en de twee bouletten!

SMS AAN DOKTER JEFF HOEYBERGHS

Beste Jeff, succes met de V-kliniek waar men een designer-vagina kan krijgen.
Het lijkt me een kut-job!
Geert.

Ok   Back

DENNIS BLACK TRAGIC

Ieder jaar heeft zijn voedselcrisis. Ons land heeft daarin een lange traditie. Meest spectaculair was de dioxinecrisis. Lege winkelrekken, bergen afgeslachte dieren en uiteindelijk ook een echte regeringscrisis. Wat de CD&V en Jean-Luc Dehaene ook mogen beweren, dioxine hoeft niet noodzakelijk alleen maar negatief te zijn voor politieke carrières. Agalev kwam in de regering en Joesjtsjenko werd president van Oekraïne.

Dit jaar dook er metaal op in de speculaas en glas in de rode kool. Als het waar is dat Belgen met een baksteen in de maag geboren worden, dan zat het risico er dit jaar dik in dat je met een huis in aanbouw in je buik zat.

Metaal in de speculaas, het is eens iets anders dan spacecake. Men deed er een beetje paniekerig over, maar metaal in speculaas lijkt me juist een verbetering: dan breekt die niet af als je hem in je koffie sopt. Het lijkt me een volgende stap in het aanbod snacks: een krachtig snoepje speciaal voor mensen met een piercing in hun tong.

Hoe ontdekken ze zoiets? Als dat metaal in combinatie met je maagring gaat rinkelen?
Of als je in Zaventem door de metaaldetector moet en dat het alarm dan gaat?
'Wat zit er in uw zakken?'
'Een pak speculaas.'

Toen een en ander ontdekt werd, reageerde men alsof het om een aanslag van moslimfundamentalisten ging die Sinterklaas wilden boycotten. De speculaas werd uit de rekken gehaald, vernietigd en gesaneerd. Waarom direct verbieden en niet recycleren? Er zijn snoodaards die riooldeksels stelen en hersmelten omdat China een tekort aan metaal heeft. Is

het dan niet het juiste moment om onze speculaas naar China te exporteren? Ik kan nog wel een aantal alternatieven bedenken. Artsen zouden het kunnen voorschrijven voor mensen met een ijzertekort. Misschien krijg je er uiteindelijk stalen zenuwen van?

Je leest in de krant dat men op de meest vreselijke manieren uit het leven wil stappen. Misschien kan ook hier zo'n koekje soelaas brengen voor mensen die zoetjes willen inslapen. In plaats van voor een trein te springen een paar pakken speculaas en een pot rode kool.

Dennis Black Magic heeft een mislukte zelfmoordpoging achter de rug, een suicidis interruptus. Hij heeft het geprobeerd met slaappillen. Midden in de poging was hij in slaap gevallen. In zijn geval was het mooi geweest als het hem met wurgseks gelukt was.

Hij zal ontzettend geschrokken zijn toen hij terug bijkwam: 'Fuck!'
En dan zijn lief: 'Ge denkt ook altijd aan uw werk.'

Een mislukte zelfmoordpoging van een pornokoning. Dat is iets als een gefaket orgasme. De vaginavriend had in een afscheidsbrief geschreven dat hij de hand aan zichzelf wilde slaan. Niemand die dat ernstig nam en daarbij aan zelfmoord dacht, want in de porno is dat iets heel anders.

Black Magic wilde zelfmoord plegen omdat hij bang was dat ze hem van het leven gingen beroven. Het probleem was dat Dennis Black geen geld meer had. Je moet het maar doen. De seksindustrie floreert als nooit tevoren. Je moet zakelijk wel een erge oen zijn als je een pornobedrijf niet overeind houdt.

Dennis zat dus op zwart zaad.

Hij stond zelfs in het rood bij de spermabank...

Het verhaal was even geloofwaardig als het scenario van een pornofilm. Dennis Black Tragic.

HET LEVEN ZOALS HET IS... DE BANK

'De Belgen sparen het meest van de hele wereld?' Ze kunnen gewoon niet meer bij hun bankrekening komen om hun geld eraf te halen.

Vijfduizend jaar geleden doolde men dagenlang rond met een speer in de hand op zoek naar voedsel, nu zie je tegen het einde van het weekend mensen door de straten dolen, met een bankkaart in aanslag, op zoek naar cash. Vroeger waren er tien banken per gemeente, nu zijn er amper tien geldautomaten per provincie.

Nadat ze de bankkantoren hebben gesloten en automaten hebben geplaatst, halen ze nu ook die automaten weg. Eigenlijk hebben de banken niet alleen hun eigen werknemers, maar ook hun klanten jaren geleden al op straat gezet.

'De bank van hier' is nu verhuisd naar daar...

Zelfs Freya Van den Bossche klaagt. Ze ging er over spreken met de banken. Maar voor ze die gevonden heeft...

Minister Freya wil dat iedereen in de buurt van een geldautomaat woont. Een wel heel kapitalistische eis voor een SP.A-ster. Volgens mij moeten socialisten er juist voor pleiten dat de mensen niet zo gemakkelijk aan hun geld kunnen komen en eerst nadenken voor ze beginnen uit te geven en te consumeren.

En dan verschijnt in de krant: 'Er worden steeds minder banken overvallen.' Natuurlijk, er zijn er minder. De criminelen hebben ook geen zin om tientallen kilometers rond te rijden met een gestolen auto voor ze een bank vinden. Tijdverlies.

Het is moeilijker om een bankfiliaal binnen te komen dan een Belgische gevangenis te verlaten. Als je al een bank gevonden hebt en het is geen weekend-, rust-, brug- of compensatiedag, dan kom je door de voordeur, bij een soort voorgeborchte, waar je aan een tussendeur moet aanbellen. Met een beetje geluk kom je in het vagevuur. Van achter inbraakglas zitten de handenwrijvende hobbits dan je vraag te wikken en wegen. Je moet haast een overval plegen om je eigen spaargeld terug te krijgen.

Nog even en je moet entreegeld betalen als je een bank binnengaat.

Het wordt niet alleen moeilijker om aan je eigen centen te komen, je moet er nog voor betalen ook. Per bewerking moet je betalen. Straks moeten we de banken nog vergoeden voor het feit dat ze hun eigen kosten van onze rekening halen.

Banken gaan ook geld vragen voor Mister Cash en Bancontact. Komt er dan naast de geldautomaten een speciaal loket om de kosten te betalen?

Steve Stevaert vindt dat banken het geld uit de muur gratis moeten houden. Ja Steve, als de mensen gratis met de bus naar de gratis barbecue zijn geweest en thuis gratis tv kijken en zich gratis verwarmen, hebben ze niet eens kans gehad om geld uit te geven. Misschien willen ze dan wel eens een paar centen laten rollen...

Ik zou pleiten voor een soort fiscale amnestie voor mensen die gewoon gewerkt hebben en hun eigen geld afhalen...

SMS AAN DE STAKENDE WERKNEMERS BIJ TUPPERWARE

Dames, in afwachting
van de regeling voor
de plaspauze kunnen
jullie het in een potje
met een dekseltje
doen en dan bewaren
voor later. Geert.

Ok   Back

BLAUWE PLEKKEN

De VLD heeft een lange weg afgelegd in de zoektocht naar politieke babes. Smaken verschillen maar we kunnen gerust zeggen dat het resultaat niet echt is om in de locker op te hangen. Op de lange lijst blauwe schikgodinnen prijken Jeanine Leduc, Annemie Neyts, Margriet Hermans en Hugo Coveliers.

Na jaren internaat en kluizenaarschap en mits de nodige chemische stimuli komt Patricia Ceysens het dichtst in de buurt van het objectieve begrip 'babe'. Maar dan vooral als type dat haar haar wast met 'Herbal Essences'. Ik heb dat ook eens geprobeerd. Ik was rap klaar.

Ceysens, de mannelijke versie van Rik Daems, heeft een jaartje kunnen genieten van de titel 'minister'. Gedurende die periode probeerde ze ons aan te zetten tot thuisarbeid. Het werd een succes. Ze zit nu zelf thuis.

Ik beklaag haar kinderen. Het zou me niet verwonderen dat ze hun moeder inschrijven voor 'De Nieuwe Mama'. Dan krijgen ze eens twee weken iemand anders in huis!

Toch moeten we hopen dat die vrouw snel terug een job krijgt van haar VLD-bazen, anders lopen we het risico dat we haar nog terugzien in de Carrefour als demonstratrice voor Tenalady.

De gemiddelde politieke loopbaan wordt steeds korter. Bart Somers heeft het één jaar volgehouden. Die werd terug burgemeester van Mechelen. In plaats van olympische dromen is de mega-erotica-beurs in de Nekkerhal weer realiteit geworden. Hij was de enige die de verkiezingsnederlaag van de

VLD goed opnam: meedoen is belangrijker dan winnen. Bart Somers, als je haar maar goed zit!

Coveliers en Dedecker onthulden in Dag Allemaal dat Bart Somers de loopjongen is van Verhofstadt. Ik denk dat ze zich daar een beetje aan mispakken. De ideale loopjongen van Guy is Patrick Dewael. Dat is de schaduw van Verhofstadt. Ik heb eigenlijk nooit veel aandacht geschonken aan Dewael, onder het motto: waarom zou ik grappen verzinnen over de kopie als het origineel nog rondloopt?

Hond en baasje zijn zelfs op elkaar gaan lijken. Ik durf te wedden dat Dewael voor hij Verhofstadt leerde kennen, een redelijk gebit had. Alleen zijn kapsel is anders. Tot voor kort had hij een scheiding in het midden. Die illustreerde jaren de koers die Verhofstadt voor de VLD uitzette: de middenkoers. Als de journalisten Dewael iets vroegen over de richting van de VLD, wees hij naar zijn voorhoofd.

Nu verschuift die scheiding naar rechts: je ziet dat hij de voorbije jaren naar Oostenrijk met vakantie ging. De brave man had onlangs nog een skiongeval in Oostenrijk. Eigen schuld. Jaren hoor je Louis Michel zeggen: 'Ga niet met vakantie naar Oostenrijk.' Dewael denkt dan meteen: 'Als Guy Verhofstadt het niet zegt, telt het niet.'

De muil van VTM en de kloten van Radio 2

'Ik herken u, u heeft de muil van VTM!' Dat zijn de woorden van prins Laurent. Net nadat hij Batibouw had verlaten. Hij bedoelde het niet letterlijk. Maar het kwam wel hard aan, vond ik, dat zo'n woord uit de welopgevoede mond van de prins kwam. Ik schrijf mond, maar denk muil. Een muiltje van een prinses is iets anders dan een muil van een prins.

Op televisie zie ik een jongedame haar muiltje recht in het kruis van een man mikken. Het is reclame voor Shoediscount – en bedoeld om te lachen. Een meisje dat een man keihard in zijn kloten trapt: ik vraag me af of er meer schoenen door verkocht zullen worden. Waar is de tijd dat je eerst een paar meter op een stukje tapijt mocht stappen om te zien of de schoenen wel lekker zaten? Ik zou niet graag een mannelijke verkoper zijn bij Shoediscount, of aan de kassa zitten als er iemand schoenen komt proberen. 'Zijn dat die schoenen van in de reclame op tv?' Patat! Een trap in zijn Brantano's!

Ook een of andere brillenketen meent dezer dagen zijn omzet te kunnen verhogen met een andere klotenreclame. Ik herinner mij nog een grap van een verre oom die beweerde dat je ogen en je ballen met elkaar in verbinding stonden, want als je een trap in je ballen kreeg, sprongen de tranen in je ogen. Het gaat hier echter niet om zakdoeken, maar over brillen. De brillenwinkel wil klanten lokken met een slechtziende man, een ijshockeyscheidsrechter die een puck in zijn kruis krijgt. Een brillenfabrikant die lacht met mensen die slecht zien, dat schept vertrouwen. Wat denken ze daar? We hebben ze bij hun ballen? Of bij hun pietje?

Nu ik het daar toch over heb. Wat was er mis met de vrolijke kanariepietjes van Radio 2? Want ook Radio 2 maakt nu reclame met een dochter die een voetbal in de onderbuik van haar vader mikt. Waarvoor maakt men dan reclame? Voor het regionale nieuws? Het plaatselijk weerbericht? Of moet je als man denken: 'Als ik een bal in mijn twee kloten krijg, moet ik naar Radio 2 luisteren?' Arme man die dan Radio 1 opzet...

Wat is er opeens gebeurd dat reclamemakers het op de ballen van blanke mannen van mijn leeftijd hebben gemunt? Wat zou er gebeuren als een jongen van achttien in een commercial met zijn nieuwe schoenen in het kruis van een vrouw zou schoppen? Wat zou er gebeuren als er, voor een reclame, een handvol Belangstemmers met een hockeystick een gastarbeider te lijf zouden gaan en zijn brilleke breken? Hoe zou men in deze turbulente Dutrouxtijden reageren als er opeens een man van in de veertig tegen een meisje zou zeggen: 'Kom eens lekker naast mij op de bank naar Radio 2 luisteren?'

Toen prins Laurent bij Batibouw arriveerde, pakte hij Freya Van den Bossche bij de blote schouders en zoende hij haar rijkelijk. Hij zette zijn bril recht en keek naar haar met in zijn ogen: 'Ik herken u, u heeft de muil van ...' Je mag je niet inbeelden wat er zou gebeurd zijn, als Freya net die ochtend nieuwe schoenen had gekocht bij Shoediscount...

Prinses Louise en de doping

Koning Albert zat, in z'n tropisch zwembad.
De peter van Louise stuurde zijn kat,
Prinses Claire die een cowboyhoed op had.
Prins Filip in China, een serieuze patat.

Laurent heeft eindelijk een dochter: Louise. Wiske, een goede naam voor een prinses in het land van de stripverhalen. Bij haar geboorte stond Laurent onwennig te draaien als een gewone kersverse vader, maar dan met koninklijke dimensies. Op zijn persconferentie kwam hij niet veel verder dan: 'Het is rond en roze en het weegt 3,4 kilogram.' Het had een gedicht kunnen worden, of een tekst die de moeder van Koen Crucke bij zijn geboorte had kunnen uitspreken. Rond en roze en toen nog 3,4 kilogram.

Het is wel een vreemde Belgische gewoonte dat men bij een pasgeborene de maten en gewichten meegeeft. 3,4 kilo! Alsof men van de slager komt. '3,4 kilogram, het mag ook wat minder zijn, want dat is veel voor twee personen'. Of '51 cm, dat is oké, dan past het nog net op de braadslee.'

Op een geboortekaartje prijken meestal naast de afmetingen ook wie de peter en meter zijn. En al is het een trend om meer dan één peter of meter te nemen, op het geboortekaartje van Louise staat geen enkele peter. Laurent wilde een verre Amerikaanse vriend, een zoon van de sjah van Iran, over zijn dochter laten waken. Maar dat lukte mooi niet. Hij was té moslim. Een golden retriever had meer kans gemaakt.

De zoon van de sjah van Iran is naar mijn mening evenveel moslim als Eva Pauwels katholiek. Niet alleen de kerk, maar ook onze overheid had haar bedenkingen. De regering mag

wel kritiek hebben op 'gearrangeerde' huwelijken, maar wilde toch mee beslissen over de keuze van een peter.

Het bijkomend probleem van de regering was dat als die in ballingschap levende zoon van de sjah opeens peter werd van een Belgisch prinsesje, dan zou dat de betrekkingen met de huidige regering in Iran kunnen verstoren. Op zijn Vlaams wil dat zeggen: we moeten het niet hebben dat Iran straks ergens anders zijn wapens koopt.

Zo lang er geen dooppeter gevonden wordt voor prinses Louise, zit de koninklijke familie met een dopingprobleem!

DE KLEREN VAN DE PRINSES

Laurent heeft niet alleen problemen met het zoeken van een dooppeter voor Louise, hij heeft ook nog geen kleermaker gevonden voor Claire. Ze laat zich niet kleden door een couturier, maar door een binnenhuisarchitect. Wat zeg ik? Door een tegelzetter. Want prinses Claire defileerde op 21 juli in een broekpak met delfts blauw motief.

In de damesbladen zouden ze dit brengen onder de titel 'Mode of een postnatale depressie?' Ik dacht eerst nog: ontwerpt Delphine Boël nu ook al kleren?

De ontwerpers vertelden in mijn televisieprogramma 'Het jaar van de Aap' dat die stof normaal gebruikt wordt voor zetels en gordijnen. Met andere woorden: Claire was niet gekleed maar bekleed.

Ik zie haar dat pakje niet dragen als landmeter, maar als camouflagepak om onopgemerkt te gaan winkelen bij meubelen Gaverzicht of Weba zal het wel werken.

Hoe komt een mens ertoe om zich te kleden in gordijnstof? Als het een gewoon gezin zou zijn, zou de sociale dienst van de gemeente ingrijpen. Want als de moeder gordijnen draagt, wat heeft het baby'tje dan als luier om de billetjes? Een dweil? Met een Belgische driekleur, dat wel, natuurlijk.

Het zal je moeder zijn. Ik geef je op een briefje dat men er later op school de kleine prinses mee zal pesten. 'Hé, Louise, is je ma weer in de gordijnen gekropen?'

Niet alleen het pak was gewaagd, ook de daarbij passende – nou ja zeg maar gigantische – cowboyhoed in delfts blauw. Laurent zal geadviseerd hebben: 'Neem maar iets opvallends, want je moet op de tribune staan met tante Fabiola. En niemand die je ziet achter een van die hoeden van haar.' Ach, sinds Mathilde en Claire ingetrouwd zijn in de koninklijke familie en we kunnen vergelijken, is Fabiola geëvolueerd tot een sexy vrouw.

In het paleis, zo is recent bekend geworden, is er een tropisch zwembad. Was dat er al toen Fabiola daar nog woonde met Boudewijn? Of was dat toen nog een ijsberg? Of een plas wijwater?

Ik zou niet weten of er foto's bestaan met Fabiola in badpak. Niet dat ik ze hoef te zien, maar indachtig de hoeden van de koningin vraag ik me af welke badmuts ze draagt. Misschien zwemt ze wel met een oranje verkeerskegel op haar hoofd?

Een tropisch zwembad dus. Onze koning heeft zijn eigen Center Parcs. Albert, koning der Belgen, maar nu even niet! Ik zie hem al zitten aan de rand van het warme water in een opblaasbare zetel. Zonnebril, bermuda en met flip-flops aan zijn voeten.

Zou hij flip-flops dragen nu uit onderzoek is gebleken dat dat schoeisel impotent maakt? Misschien moet hij ze wel dragen van Paola, omdat ze geen risico meer wil nemen na Delphine. En dat Fabiola had gezegd: 'Ge moogt die flip-flops van Boudewijn hebben! Ik heb de indruk dat ze werken.'

KUSTRAP 2004

Vissen, kwissen, verkiezen van missen,
en koele drank om mij te verfrissen,
vraag me gerust wat je ook lust
je vindt het aan de Belgische kust.

Pedallo, petanque en parasol
een kommetje met mosselen heet casserole
een tomaat-garnaal heet tomate-crevettes,
met wat zonnecrème mijn billen ingevet.

Dus wat zal het zijn? Een broodje met tonijn
baby-doll fijn of duinkonijn?
Huren we een go-cart of een rubberboot,
fietsen we ons groggy, bruinen we ons rood?
Houden we 't op zwemmen, zeeleeuwen temmen?
Monokini meisjes hebben mooie stemmen.

Waar zeekoeien loeien, zijn ze aan het stoeien,
laten we naar de reddingsboeien roeien.
Hou je niet van kwallen? Ga dan volleyballen.
In alle geval een zandbank overvallen.

Zeepiraten, vissen zonder graten,
onder water windjes laten.
Krabben met een b, krabben met een p,
zeker weten ik doe het aan zee!

Info, disco, ijsco, frisco,
solo, duo, trio, lotto.
Mini, gy nie(t), zie nie(t), wie nie(t)?
Yellow polkadot bikini!

Gamba, bamba, barb-à-papa,
aan de playa, olé guappa!

DAGBOEKEN

1 juni 2004
Freya Van den Bossche met haar Duitse Freund horen ruzie-
maken op het terras van 'De Onvrije Schipper'. Er zaten 'tau-
zend Haare in die Suppe'. Hij vond het geen goed idee dat
ze als verkiezingsstunt één nacht gaat logeren bij een Gentse
bejaarde. 'Maar nee, dat is geen one-night-stand', vloekte ze.
Hopelijk is ze binnenkort niet zwanger.

8 juni 2004
Die goeie ouwe Rik Daems stond wijn bij te vullen in de rekken van de Aldi. Hij blijft dromen van respect binnen de VLD
en is daarom volledig in de ban van het krankzinnig opti-
misme van Verhofstadt. 'De werken aan de ring rond Antwerpen, de E411 en de E25 zullen straks heus niet zo veel ver-
keersproblemen opleveren', kirt hij. Dat denk ik ook. Als de
werkloosheid aan dit tempo blijft stijgen, rijden er binnenkort
veel minder auto's.

23 juni 2004
Op een vervangingsbus van De Lijn zit Karel Vinck van de
spoorwegen met zijn boekentas en thermosfles keurig op
zijn knieën. Als hij mij ziet, probeert hij vriendelijk te lachen,
maar ik zie de bui al hangen. 'Neen, het gaat niet goed met de
NMBS.' Hij had gerekend op een mirakel, maar het is er niet
gekomen. 'Maar ik laat me niet kennen: ik schaf de trein naar
Lourdes af!' Als ik neerplof op de achterste bank vol grafitti,
denk ik: 'Zo lukt het nooit natuurlijk. Maar Vande Lanotte zal
wel blij zijn.'

25 juni 2004
Koningin Beatrix aan de telefoon: 'Of ik mijn toegangsticket
voor vanavond ontvangen heb, voor het laatste concert van
André Hazes in de Arena in Amsterdam?' Geen probleem, op

de Belgische Post kan je rekenen. Ze zou voor de tickets zorgen, ik voor het bvo-tje, het biertje voor onderweg. We spreken af dat Theo ons oppikt bij de uitgang van de parking.

1 juli 2004
De Kennedy-tunnel wordt afgesloten voor vrachtwagens en caravans. Een caravan is voor mensen die het al niet te breed hebben en dan is zo'n caravan nog te breed om door de Kenndy-tunnel te rijden!

4 juli 2004
Marc Eyskens stuurt een mailtje met een digitaal knipsel van CNN. De zoon van Ronald Reagan heeft gezegd dat het een zware fout geweest is van Amerika om Irak binnen te vallen. George W. Bush heeft gereageerd door te zeggen dat zonen van voormalige presidenten er niks van kennen!

10 juli 2004
Met Ivan Devadder en Dany Verstraeten aan de whisky gezeten in het Museum voor Schone Kunsten en een stand van
zaken opgemaakt. De jongste Belgische minister is 24. Een
stiekeme droom van Verhofstadt; bewindslieden die zo jong
zijn, dat ze in de ministerraad geen stemrecht hebben.

21 juli 2004
Steeds meer honden en katten worden opgenomen in een
asiel. Is dat nu goed of slecht nieuws?

12 augustus 2004
Bij Paola langsgeweest. In de keuken een lekkere minestrone
geproefd. Albert stond met een interview van Delphine te
zwaaien. 'Schat, zou mijn Delphineke ook niet iets kunnen
of mogen maken voor het paleis? Iets kleurrijks voor in de
slaapkamer?' Als de stilte iets te ondraaglijk wordt, voeg ik er
zelf aan toe: 'Je hoeft het niet eens aan de muur te hangen,
Paola, het kan eventueel aan het plafond.'

19 augustus 2004
Tijdens de Olympische Spelen zag ik een interview met
zo'n moderne vijfkamper. Modern? Iets uit de jaren dertig
modern noemen... Kijken die sporters neer op triatleten,
wilde ik weten. Het is een sport voor rijke jongens: schieten,
hardlopen, paardrijden, schermen en een stukje zwemmen.
Als wijn proeven een sport zou zijn, dan hadden ze moderne
zeskamp ontwikkeld.

1 september 2004
Mijn broer loopt, fietst en zwemt mee in de Zwintriatlon. Ik
sta, zit, lig hem toe te juichen, op de zeedijk. 's Avonds zie ik
een dopinginspecteur van de Vlaamse Gemeenschap in een
café op de Lippenslaan, met naast zich een zak van de Spar
met wat plastic potjes met etiketten. Tegen de cafébaas, die
hem waarschuwt dat in zijn etablissement geen eigen voedsel

geconsumeerd mag worden, verzucht de man: 'Dit is geen voedsel. Maar alle koelemmers, koelkasten en ijsmachines in het VIP-dorp zaten vol met champagne. Ik moet de urinestalen zo meenemen naar Brussel.' Aantekening gemaakt op een bierviltje. Ik moet dat eens aan Rutger Beke vertellen.

16 september 2004
Eva Pauwels ontmoet langs de kant van de weg, ze stond bevallig te tanken. Terwijl ik haar voorruit schoonwiste, feliciteerde ik haar met haar carrière. 'You ain't seen nothing yet, Hoste,' lachte ze, 'binnenkort sta ik in Playboy!' Op mijn vraag of ze niet liever in Playgirl had gestaan, trok ze een wenkbrauw op en zei: 'Het is toch de droom van elke vrouw om in Playboy te staan?' Op die mantra had ik niet echt een antwoord paraat. Toen ik allang terug op de snelweg was, vroeg ik me af of koningin Fabiola en Alexandra Coolen of Anke Vandermeersch het met die stelling eens zouden zijn.
Na rijp beraad besloten dat de combinatie van Playboy en dromen toch veeleer iets is voor mannen.

21 september 2004
Ik zit te kijken naar 'De slimste mens' als de telefoon overgaat. Op het schermpje van mijn gsm zie ik 'Verhofstadt' verschijnen. Op dit uur? Ik neem op. 'Ha Geert, ik moet je iets in vertrouwen zeggen en mijn chauffeur ligt toch achter zijn stuur te slapen, dus heb ik rustig de tijd om...' Daarna wordt de verbinding verbroken.

3 oktober 2004
Europa neemt negentig procent van de Afghaanse opium af. Je kunt niet zeggen dat we het land economisch niet te hulp snellen.

5 oktober 2004
Achter het stadhuis van Brussel word ik aangeklampt door een wanhopige zwarte man in korte broek en met rugnum-

mer, die achternagezeten wordt door een cameraploeg. Ik denk even dat het een verloren gelopen Kongolese officier is. 's Avonds zie ik met grote verbazing dat het om de winnaar van de 'Marathon van Brussel' ging. Zou dat niets zijn voor een nieuw tv-programma op Sporza? Van de finale van een ruim 42 kilometer lange loopwedstrijd een zoektocht maken.

8 oktober 2004
Als ik met de zapper het tv-toestel in sluimerstand heb gezet, blijf ik verdwaasd naar het scherm staren. Will Tura probeert Nederland te veroveren, de belastingen gaan omhoog, er zijn stakingen op komst, de Rode Duivels rommelen maar wat aan, Emiel Goelen en Reddy De Mey duiken weer op. En ik die dacht dat de viering van 50 jaar televisie achter de rug was. De herhalingen van 50 jaar tv gaan in het echte leven gewoon verder.

10 oktober 2004
Een conference-call met een paar goeie vrienden uit Kinshasa. Er wordt gegierd van het lachen: 'Wat een ontwikkelingsland is België geworden! Eerst die officieren die de weg niet meer vinden naar hun kazerne en nu de winnaar van de marathon van Brussel die via een achterdeur door een toeschouwer over de eindmeet wordt getrokken!' De Kongolese zenders steken de draak met de regering Verhofstadt 'die niet in staat is een behoorlijke bijdrage te leveren aan het bestuur'. Neergelegd en onmiddellijk Karel De Gucht verwittigd die op weg was naar Kongo.

15 oktober 2004
Di Rupo blijkt officieel geen lid van de PS. Waarom zou hij ook? Hij ís de PS!

17 oktober 2004
Jan Verheyen stond in de tijdschriften te bladeren in de Delhaize. Hij had een nieuw programma klaar voor Kanaal 2:

'De Kooi'. 'Wie wint, mag opgesloten blijven', vertelde hij me met dichtgeknepen pretoogjes. Terwijl ik langs de rekken verder struin en mijn boodschappenlijstje afwerk, doorloop ik in gedachten ook het lijstje met nieuwe tv-programma's. De slechtste chauffeur, Expeditie Robinson, Château Bravoure, Miljoenenjacht, De Werf, De Wellness-kliniek... Zo te zien loopt Vlaanderen vol met kwissende, knutselende, elkaar bestelende, levensgevaarlijke exhibitionisten. De slimste mens overweegt emigratie!

1 november 2004

Ik loop op de werf van het vernieuwde Oostendse Casino. De directeur probeert mijn tourmanager over de streep te trekken voor een optreden. In de gangen bots ik op Pierre Wynants van het restaurant Comme Chez Soi. Hij stelt me voor aan een man van Michelin. 'Ben jij geïnteresseerd in de gids van Michelin?' vraagt hij lachend. Dat wel, maar als het om banden gaat, kijk ik meer uit naar de kalender van Pirelli. De directeur lacht: 'Wedden dat we in de restaurantgids van 2005 zullen staan, zelfs al is het restaurant nog niet geopend?' Als een casinodirecteur me uitdaagt voor een gok, geef ik me vooraf gewonnen.

3 november 2004

Gezien op het nieuws: Batman klimt op Buckingham Palace om op te komen voor zijn rechten als gescheiden vader. Ik wist niet dat Batman kinderen had! Het is uitkijken naar een Vlaamse vader die zich naar Laken haast, verkleed als Kabouter Plop.

4 november 2004

Uit een slaaponderzoek leer ik dat één op de vier Vlamingen naakt slaapt. Maar wie is dat komen controleren? Ik heb niemand gezien!

5 november 2004
In het shoppingcenter van Wijnegem loop ik graaf Henri d'Udekem d'Acoz tegen het lijf. Ik feliciteer hem met zijn voorgenomen huwelijk met zijn 68-jarige jonkvrouw uit de buurt. 'Nu slapen we nog apart, maar na ons huwelijksfeest komt daar verandering in!' zegt hij met een dikke knipoog. 's Avonds krijg ik prins Filip aan de telefoon en vertel ik hem wat 'nonkel Henri' me zei. Een lachende prins: 'Dat had Mathilde mij ook beloofd!'

6 november 2004
Prinses Mathilde en haar kinderen in de buggy bij Zeeman. Ze wil geen rolstoelduwster mee naar China: 'Bij een internationale handelsmissie is het de bedoeling dat prins Filip de kar trekt.'

7 november 2004
Bij de apotheker hoor ik een jonge vrouw om een zwangerschapstest vragen. Als ze uit een schoudertas van Hedgren haar portefeuille neemt, valt haar SIS-kaart op de grond. Ik raap de kaart op en kijk recht in de ogen van Freya. Ze schrikt en lacht verlegen: 'Ke benne kik waarschijnlijk in verwachting, Geertje!' zegt ze en het klinkt als een pretecho in mijn oren. 'Het was gepland', voegt ze er aan toe. Zou er iets *niet* gepland zijn bij Freya?

9 november 2004
Allez Zimbabwe, De Planckaerts, Wellens en Wee. Heel geboeid volg ik het leven van wielrenners en hun entourage. Je zou van minder aan de pillen en de drank raken! Ik krijg een heel nieuwe kijk op het doping- en druggebruik in dat wereldje. Advocaat Jef Vermassen zou met een video van die programma's bij elke rechter een vrijspraak kunnen losweken.

11 november 2004

Tijdens de halftime van een voetbalwedstrijd sta ik in de rij bij de urinoirs te wachten. Op tien meter afstand zie ik Filip Dewinter die al plassend tegen zijn gastheer van het Antwerps Havenbedrijf over de veroordeling van zijn partij praat: 'De bal ligt nu in mein Kampf, haha.' Hij verlaat de toiletten zonder zijn handen te wassen. Gelukkig heb ik die man nog nooit een hand gegeven.

14 november 2004

De correctionele rechtbank van Gent pakt sluikstorten keihard aan. Tientallen mensen worden zwaar beboet. Persrechter Roland Tack: 'En dit is nog maar het begin. Ook wie geen frisse adem heeft, zal er straks aan moeten geloven.'

15 november 2004

Na de première krijg ik een telefoontje van Mathilde. 'Geert, wat hoor ik, zit Filip niet in je nieuwe programma?' Of ik niets kan bedenken. Gezegd dat ik er wel iets op zal vinden. Aantekening gemaakt dat ik eens een mailtje moet sturen naar Storyman Louis Van Raak.

18 november 2004

Chocolade stimuleert het seksleven van vrouwen. Het is lang geleden dat ik nog eens een ouderwetse reep heb gekocht. Ik vraag me af welke prentjes er nu bij zitten.

20 november 2004

Pim Fortuyn is verkozen tot de grootste Nederlander aller tijden. Wat is nu de grootste verrassing: Pims verkiezing, of het feit dat men in Nederland toch tien finalisten gevonden heeft?

24 november 2004

Kleurrijk land, gedaan met zwart-wit denken. Patrick Dewael wil meer blauw op straat. Om groene vuilniszakken te con-

troleren, zwartwerkers te arresteren, chauffeurs die door het rood en over de witte lijn rijden te betrappen en roze balletten te ontkennen.

30 november 2004
Nieuw boek over Diana. Er duiken alweer nieuwe minnaars op. Straks blijkt nog dat ze helemaal geen auto-ongeval heeft gehad, maar gewoon gestorven is door uitputting.

1 december 2004
Zware Voet. Wie op tv komt met zijn overtreding, wordt achteraf door de rechter vrijgesproken. Zouden die jongens in Irak hun onthoofdingen daarom absoluut op de buis willen krijgen?

2 december 2004
Aan de hutsepot gezeten bij Marc Paesbrugghe in de New Sir Anthony. Karel De Gucht zat achter mij aan tafel. Zo te horen is hij die Coveliers grondig beu. 'Mijn collega van Buitenlandse Zaken uit Oekraïne wil wel iets in zijn soep doen', zegt hij tegen zijn voor mij onzichtbare tafelgenoot. 'En daarna wil ik hem naar huis laten rijden door de chauffeur van Verhofstadt.'

8 december 2004
De aalmoezenier van Zaventem vindt maar met de grootste moeite mensen voor het koor dat zal zingen tijdens de jaarlijkse middernachtmis. Wat maakt het uit? Je hoort ze toch niet, vanwege het nachtlawaai.

16 december 2004
Bij Marie-Jo stond Tanja Dexters te passen. Ze zou graag een paar kerstconcerten zingen, en of ik niemand ken die geïnteresseerd zou kunnen zijn. Heb haar het nummer gegeven van de aalmoezenier van Zaventem. Als ik mensen gelukkig kan maken, zal ik het niet laten. Hopelijk komen er nu geen klachten voor nachtlawaai van DHL.

18 december
Dokter Hoeyberghs op de parking van de Gamma in Hasselt tegen het lijf gelopen. Ons boeiende gesprek over ethiek werd onderbroken door Etienne Vermeersch die iets vroeg over siliconen. Later op de dag hoor ik dat de plastisch chirurg aan twee parlementairen nieuwe borsten heeft gegeven. Ik wil het gerust geloven. Maar wie heeft dat schaamhaar op de kin van Coveliers gezet?

20 december 2004
Na mijn voorstelling plopte Danny – Samson – Verbiest de kleedkamer binnen met een kistje champagne. Hij is het beu om de hele dag onder een hond te liggen. Toch zou hij het jammer vinden om zijn expertise verloren te laten gaan. 'Geertje, zou ik het niet eens proberen in het Vaticaan? Als je de rolstoel van de paus vergelijkt met het blokje waarop het mandje van Samson staat, zie je dat er iemand onder kan zitten. Voor de slechte dagen van de paus zou ik een pop kunnen maken. Ik kan die makkelijk besturen als ik mijn hand door de stoel zou steken. En zo kan ik in plaats van Samson paus spelen!' Ik zeg dat het een slim en haalbaar idee is, maar dat hij het dan direct groots moet zien en naar een land moet trekken met veel oude leiders, zoals China. Hij zou er over nadenken.

25 december 2004
Liggen kijken naar de paus live (nou ja) vanuit Rome. Het hele pauselijke discours is zo goed als onverstaanbaar geworden. Behalve de Nederlandse wensen: die waren 'loud en clear'. Tijdens het 'Geloekkieg nievejaar' denk ik de stem van Danny Verbiest te herkennen. Jammer dat hij niet zei: 'Bedank voor die bloeme, Gertje.'

29 december 2004
Op Eurosport gekeken naar een biatlonwedstrijd. Net zoals bij langlauf zakken de atleten na de finish van vermoeidheid

in elkaar. Zo moet dat na een topwedstrijd! Alles geven! Als je dat vergelijkt met voetballers die al hun energie steken in een ereronde en shirtjes wisselen... Toch de bedenking gemaakt dat het wel goed is dat die biatleten zo uitgeput zijn, want die hebben een geweer bij zich. Misschien een sport voor Frank Vandenbroucke?

13 januari 2005
De Britse prins Harry excuseert zich voor het dragen van een nazi-uniform op een feestje: 'Ich habe es nicht gewusst.' Prins Charles via zijn mobieltje: 'Hij had gewoon op de zolder van de bomma wat zitten rommelen tussen de oude kleren. Maar ik zal hem liggen hebben: hij mag een dagje stallen uitmesten, de Schweinhund.'

14 januari 2005
Aan de hutsepot gezeten bij Patricia in 't Oud Konijntje. Karel De Gucht kwam aan tafel om iets te vragen. Hij wil vliegende diplomaten en consuls, die uitgestuurd worden bij rampen. Hem voorgesteld om daarvoor de hele koninklijke familie in te zetten. Die heeft uiteindelijk de meeste ervaring met het bezoeken van plekken des onheils.

15 januari 2005
De solidariteitsactie 12-12 om de slachtoffers van 26-12 te helpen was een groot succes. De Belgen hebben veel minder geschonken dan de Nederlanders, maar wij houden nog wat geld over voor de volgende ramp. Het is nog vroeg op het jaar.

17 januari 2005
Geert Bourgeois wil werk maken van een jaarlijkse grote geldinzameling voor het goede doel. 'De saamhorigheid bij zulke rampen doet je in wezen verlangen naar meer...'

18 januari 2005
Prins Filip op het antwoordapparaat. 'Hoste, ik heb een idee voor je conference. Het Vlaams Belang wil nu ook iets doen voor de slachtoffers van de tsunami. Dat ze Marie-Rose Morel opsturen naar Zuidoost-Azië om rolstoelen te duwen.'

20 januari 2005
TV1 heeft een nieuwe naam: 'Eén'. Het bereidt zich voor op de komst van Filip Dewinter: 'Eén volk, één land, één leider, één zender...'

21 januari 2005
TV1 heeft een nieuw logo. Ronde gekleurde bollen draaien over het scherm. Vroeger kreeg ik die tijdens het schoolonderzoek gepresenteerd, om te zien of ik kleurenblind was.

25 januari 2005
'Den bompa' moet van Carmen Pfaff stoppen met drinken en meteen worden er 169 mensen ontslagen bij brouwerij Alken-Maes. Als straks Johnny Voners in 'FC De Kampioenen' zijn dagschotel moet laten staan, stort de biermarkt in.

28 januari 2005
Een grijnzende Vandermaelen bij de frituur van het Atomium. Hij staat te wachten op een 'mitraillette', een baguette met frieten. In een spervuur van woorden heeft hij het over een maatregel van de Nederlandse fiscus over Nederlandse eigendommen in Frankrijk. De SP.A speelt met de gedachte om onze fiscus de buitenverblijven van Belgen in Frankrijk te laten aanpakken. Ik vraag me af of dat ook zal gelden voor de villa's die door Vlaamse 'facteurs' gebouwd zijn.

2 februari 2005
In deze aanloop naar Valentijn lees ik op teletekst een triest bericht. Indonesië wil het zoenen en knuffelen in het open-

baar verbieden. Waar moeten al die daklozen in Atjeh elkaar
dan troostend omhelzen?

zaterdag 5 februari 2005
De weekendkranten staan vol met details over het sms-ver-
keer tussen Museeuw en zijn veearts. Hoe wereldvreemd kun
je geworden zijn? Hij had voor al die wespennesten niet naar
een veearts, maar beter naar de brandweer gebeld.

zondag 6 februari 2005
Geert Bourgeois hangt, samen met zijn schoonvader, aan de
toog in café Burgerwelzijn. Als minister wil hij politici weren
uit amusementsprogramma's. Hij is bang dat men het idee
krijgt dat politici alleen maar onzin uitkramen. Alsof politici
in het journaal zulke zinnige dingen zouden zeggen. 'Politici moeten met z'n allen veel ernstiger worden. Ze mogen
alleen nog op tv bij begrafenissen, missen (en dan bedoel ik
niet de dames van Miss België), de IJzerbedevaart en na een
verkiezingsnederlaag.' Als de cafébazin Maria nog een paar
flesjes bier ontkroont, zie ik Bourgeois even wegmijmeren.
'Bert Anciaux zal wel weer tegen het voorstel zijn', zucht hij.
Ik troost hem met de gedachte dat Anciaux zelfs al huilt in
een amusementsprogramma.

maandag 7 februari 2005
Trainer Hugo Broos ontslagen bij Sporting Anderlecht. Bij
mensen met zijn inkomen spreek je niet van 'op straat gezet',
maar veeleer van 'de laan uitgestuurd'.

dinsdag 8 februari 2005
Lekkere hutsepot geproefd bij Geert in de Karmeliet. Ik hoor
Karel De Gucht een handvol Chinezen adviseren dat ze de
'ravioli à la vanille et pommes caramélisées en chaud-froid'
moeten nemen. Na zijn bestelling worden er nog wat mop-
pen getapt over het feit dat de Dalaï Lama België niet mag
bezoeken als Albert en Paola in China zijn. Als hij even zijn

handen gaat wassen, merkt hij me op en zegt: 'Geert, als ik even streng zou zijn voor de Chinese leiders als voor de Afrikaanse, dan zou dat ons land veel geld kosten. En dat wil toch niemand?'

donderdag 10 februari 2005
Stevige winterwandeling gemaakt op een uitgeregende en verlaten dijk in Oostende. Rond het Casino is het nog steeds een puinhoop. Wegomleggingen, wegenwerken, de dijk vol werfwagens. De Guide Michelin gaf het visrestaurant van de Kursaal een vermelding nog voor het open ging. Ik heb zo mijn bedenkingen. Michelin wil de mensen hiernaartoe sturen omdat ze achteraf aan nieuwe banden toe zijn!

zaterdag 12 februari 2005
Gedichtje:
Bob de bouwer,
Bob de spons,
Bob de nuchtere chauffeur.
Altijd iets te doen
als je Bob heet.

maandag 14 februari 2005
Valentijn.
Kun je eigenlijk vergeten te denken aan diegene van wie je houdt?

dinsdag 15 februari 2005
'Tweede Valentijn'. In een ideale samenleving zou dit een verplichte rustdag moeten zijn.

woensdag 16 februari 2005
In de krant lees ik dat er in Duitsland drie patiënten na een orgaantransplantatie hondsdolheid hebben. Hoe hebben ze dat ontdekt? Kwam de dokter de ziekenhuiskamer binnen, en riepen de patiënten alledrie: 'Dag Gertje!'?

17 februari 2005

Dure grond in Knokke. Kunnen we heel Knokke niet verkopen? Dan zijn we van onze staatsschuld af!

18 februari 2005

Tijdens een etentje thuis bij Ann Van Elsen vertrouwt ze me toe dat ze flirt met twee voetballers tegelijk. Ik kan haar geen ongelijk geven. Wie onze slome voetballers vandaag bezig ziet, moet niet verbaasd zijn dat een beetje vrouw aan één niet genoeg heeft.

20 februari 2005

In Neerpelt loop ik Bert Anciaux tegen het lijf. Hij heeft net een intensieve lachtherapie achter de rug. Hij ziet het leven helemaal zitten. 'Mijn beleid begint vruchten af te werpen. Nu zijn er twintig keer zoveel klachten over geluidsoverlast dan voor het spreidingsplan Zaventem', giert hij het uit. 'Dat bewijst dat mijn spreidingsplan werkt. Nu is het nachtlawaai niet meer voor een handjevol sukkelaars en kan iedereen wakker liggen...' Wat ben ik blij dat hij vandaag minister van Cultuur is. Daar val je niemand mee lastig.

22 februari 2005

Hevige sneeuwval in de Ardennen. Als ik na een onvervalste winterwandeling in de auto stap, hoor ik op de radio dat zeugen opgewonden raken van een cd met geluiden van een bronstige beer. Als ik dj was, zou ik ter illustratie iets draaien van Tom Jones.

23 februari 2005

Slecht geslapen. Ik droomde dat Piet Roelen de 'varkensstal-cd' liet horen aan Helmut Lotti. Ze waren het roerend eens: 'Parels!' Ze zagen het allebei zitten, maar ze zouden het project nog een tijdje stil houden. Ik werd gillend wakker toen ik op de persconferentie minister Anciaux hoorde zeggen: 'Agricultuur is ook cultuur.'

24 februari 2005
Laurent staat aan de voordeur. Een bedrukt gezicht verraadt zijn stemming. Hij is met de motor gekomen omdat hij niet wil dat de staatsveiligheid weet krijgt van zijn hallucinante ontdekking. In een perscommuniqué van Buitenlandse Zaken heeft hij gelezen dat Laurent Kabila niet de zoon zou zijn van de vorige president Désiré Kabila. 'Geert, misschien is hij wel mijn broer, want we hebben dezelfde voornaam!'

25 februari 2005
In de file zit ik de krant te lezen. Panamarenko wordt gehuldigd op het stadhuis in Antwerpen. Na zijn vliegtuigen die niet vliegen heeft hij ook een auto bedacht die niet rijdt. Het moet de ideale auto zijn om je door deze stad te verplaatsen. Ik heb sterke vermoedens dat Panamarenko ook het brein is achter de wegenwerken en wegomleggingen in Antwerpen.

26 februari 2005
Heerlijke hutsepot gegeten bij Peter in Hof van Cleve. Mireille De Gucht vertelt me over de tentoonstelling in het Afrikamuseum. Hoe in de kolonie de blanken de handen afhakten van de zwarten die niet wilden gehoorzamen. Als ik aan Karel vraag wanneer hij terug naar Kongo gaat, bladert hij in zijn agenda: 'Later op het jaar, ik ga eerst naar Jeruzalem om het zwaard van Godfried van Bouillon op te halen.'

27 februari 2005
Met mijn poes Bella naar de veearts voor een identiteitskaart. Net als ik weer vertrek, parkeert Guy Verhofstadt zijn renfiets tegen de voorgevel. Hij is heel erg in zijn nopjes over het bezoek van de president van de VS. Eindelijk kon ik nog eens zien wat dat betekent: 'Is everybody happy'. Ik dacht dat Verhofstadt tot slot over Bush zou zeggen: 'En we hebben heerlijk gevreeën.'

28 februari 2005
Met Guy Mathot sterft alweer iemand van de oude sjoemelende politieke generatie. Straks klopt het echt: 'Sire, er zijn geen Belgen meer.'

30 februari 2005
Prins Filip wordt koning.

1 maart 2005
Minister Peeters belt me op omdat hij een briljant idee heeft. Omdat de wegenwerken in Antwerpen vorig jaar zoveel hinder hebben veroorzaakt tijdens de zomer, wil hij er nu al mee starten in de lente. Als ik hem zeg dat de ellende daardoor niet zal verminderen, antwoordt hij: 'Dat weet ik ook wel, maar zo kom ik nog eens in de krant!'

2 maart 2005
Minister Peeters belt me op en vertelt dat hij een briljant plan heeft tegen het sluikstorten. Hij wil af van het gescheiden afval ophalen: 'Alles terug in één vuilniszak', zegt hij. Al lachend vraag ik wat hij dan met het afval gaat doen dat niet in een vuilniszak kan? 'Dat zetten de mensen gewoon op straat.' Sommige mensen hebben hersenen te veel.

3 maart 2005
In café Gounod zit minister Rudy Demotte in een hoekje zijn krantje te lezen. Als hij weer een whisky bestelt, hoor ik hem in dezelfde zin ook aan Lutgard, de cafébazin, vragen of hij een sigaret uit haar pakje mag peuteren. Lutgard wordt kwaad. Ze is het beu dat iedereen haar sigaretten afluist. Demotte giet zijn glas in één keer naar binnen en roept: 'Wel, dan zal ik het totaalverbod op roken in de horeca zo snel mogelijk effectief maken.'

5 maart (Milaan) 2005
Ik bots tegen Laurette Onkelinx die rijkelijk bepakt en bezakt uit Prada strompelt. Ze nodigt me uit voor een koffietje bij Peck. Ze is in Milaan om te vieren dat de vrije verkoop van vuurwapens in ons land verboden wordt. Met ruim twee miljoen wapens in omloop krijg ik het gevoel dat dit verbod redelijk laat komt. Maar Laurette laat zich niet uit haar lood slaan: 'Dankzij mijn verbod kunnen de schrijvers van de dreigbrieven nu kogels enkel nog opsturen. Dat is veel beter dan ze af te vuren!'

6 maart 2005
Nog eens met Steve Stevaert afgesproken. Na de hoogmis heb ik hem opgepikt. Zijn boek over het geloof loopt als een trein. Maar ik moet geen mirakels verwachten. Als ik hem er attent op maak dat wetenschappers uit de VS beweren dat bidden goed is voor de gezondheid, neemt hij zijn notitieboekje en zie ik hem het woord 'kiwimodel' schrappen. Nog even en Stevaert heeft zijn oplossing voor de ziekenzorg klaar. Niemand meer naar de dokter, iedereen naar de mis. En het ziekenfonds betaalt het stoelgeld.

7 maart 2005
Mijn beste vriend vertelt over zijn wandelingen met zijn hond in de Luxemburgse heuvels. In de Frankfurter Algemeine stond in een artikel dat koeien een sterk gevoelsleven hebben en ze ook pienter zijn. Na een korte stilte voegt hij er aan toe: 'Dat wist ik allang. Niet voor niets roepen ze 'boe' als ze mensen zien.'

8 maart 2005
Foto's in de tijdschriften van Sabine Hagedoren die achterwaarts een tank parkeert voor 'Kom op tegen Kanker'. Ik roer in mijn koffie. We zijn het enige land in de wereld waar tanks achterwaarts kunnen parkeren. Een tank dient om aan te vallen: voorwaarts, en avant! Geef zo'n ding in handen van

Grootaers en we staan een uur later in Rusland! In andere landen gebruiken ze een tank om dood en vernieling te zaaien. Vlaanderen zet zo'n tank in voor de strijd tegen kanker of de strijd om de kijker. Brief geschreven aan Flahaut dat hij in de toekomst het budget voor de tanks beter onmiddellijk aan 'Kom op tegen Kanker' kan geven.

12 maart 2005
In Ferrier 30 met mijn neef Jean zitten doorbomen over koffie en eerlijke handel. Laat op de avond nemen we afscheid met een paar onopgeloste vragen. Waarom zegt men in West-Vlaanderen tegen een spiegelei een paardenoog? En waar komen deze benamingen vandaan?

20 maart 2005
Op de luchthaven trekt Helmut Lotti een blik cola uit de automaat. Hij gaat in Canada 'From Russia with love' promoten. Ik vraag of hij het niet beu is om altijd met zoveel mensen op stap te zijn? Hij knikt en zegt: 'Man, jij hebt geluk helemaal alleen op dat podium!' Ik tip hem: 'Misschien is het een idee voor een volgende plaat: Lotti goes solo.' Met een Lottigrijns antwoordt hij: 'Misschien moet ik dat privé maar eens doen?'

24 maart 2005
'Hoe serieus zijt ge met mijn dochter?'
'Ik hoop dat ik nooit serieus word.'

1 april 2005
In grote letters in de kranten: 'De kwaliteit van de lucht die we inademen is zeer slecht.' En wat dacht je van de lucht die we dan weer uitademen?

SMS aan Paul D'Hoore

Beste Paul.
Denk je, nu de paus
dood is, dat we aande-
len van Durex moeten
kopen?
Geert.

Ok   Back

Slot (-tje)

In mijn theaterprogramma 'Patat' zat niets over aardappelen. Om die leemte op te vullen heb ik een passend slotgedicht geschreven. Het is een klein rijmpje. Het begint met een serieuze patat en het eindigt met een klein aardappeltje.

Ik wilde het koste wat het kost ook laten opnemen in dit boek, want dan kan ik later, in het oudemannenhuis op de jaarlijkse poëzienamiddag, van op een stoel tegen mijn publiek zeggen: 'En dan nu mijn boek Kroket: Patat!'

Patat

Osama was ooit een klein kindje
zijn moeder noemde hem toen bintje.

FIN(-tje)

www.geerthoste.be
info over de theatertournee
(+32) 016 589 769